Paroles de détenus

EN COÉDITION AVEC RADIO FRANCE
SOUS LA DIRECTION DE JEAN-PIERRE GUÉNO

Paroles de Poilus, Librio n° 245
Mémoire de maîtres, paroles d'élèves, Librio n° 492
Paroles d'étoiles, Librio n° 549
Premières fois, Librio n° 612
Paroles du jour J, Librio n° 634
1914-1918 Mon papa en guerre, Librio n° 654
Cher pays de mon enfance, Librio n° 726

Paroles de détenus

Sous la direction
de Jean-Pierre Guéno

Librio
Texte intégral

Avertissement

Dans l'ensemble de cet ouvrage, l'anonymat des détenus a été volontairement préservé : il peut donc arriver que leur prénom ou l'identité du lieu de leur détention aient été modifiés.

Remerciements

Paroles de détenus n'aurait jamais vu le jour sans l'énergie et les initiatives judicieuses d'Isabelle Dubois qui a facilité le travail de l'auteur pendant plusieurs mois. Il doit beaucoup à la gentillesse et à la compétence de Chantal Rey, de Carole Leray, de Jean-Claude Paris, d'Emmanuelle Roig, de Marie-Annick Huet, de Serge Le Vaillant, de Laurent Beccaria et de Sabine Wespieser. Il n'aurait jamais pu être réalisé sans le concours des Ateliers de création des Locales de Radio France et de leur directeur Yves Laplume, des Locales de Radio France, de France-Inter, de France-Info, de France-Culture, de France-Musique, de Radio bleue, et du Mouv' qui ont relayé les appels de Radio-France. Il est également le fruit de l'aide et de la compréhension de Chantal Crétaz et de l'Association nationale des visiteurs de prisons, de Christian Carlier, de Catherine Prade, conservatrice du Musée national des prisons de Fontainebleau, de François Chouquet, professeur des universités, de Martine Viallet, directrice de l'Administration pénitentiaire, de l'Association du Courrier de Bovet, de Patrick Marest et de Sarah Dindo qui animent avec passion l'Observatoire international des prisons (OIP), de Bastien Lampire du Génépi, de Monsieur Capitaine à Melun, de Sophie Duverne, de Roger Knobelspiess, de Didier Chamizo, de Mme Martin-Zay, d'Alain Rivière, du journal *Le Monde*, des éditions Gallimard, des éditions du Mercure de France, des éditions Jean-Jacques Pauvert, des éditions Flammarion, des éditions Talus d'approche, des éditions Le Dilettante, ainsi que de l'ensemble des détenus ou des anciens détenus, des familles, des amis, des visiteurs de prisons, et des animateurs d'ateliers d'écriture qui nous ont envoyé des textes.

Avec une mention spéciale décernée à Jérôme Pecnard pour son rôle de directeur artistique et pour l'intensité de son implication dans la version illustrée de *Paroles de détenus*.

J.P.G.

Nous sommes tous condamnés à une réclusion solitaire à l'intérieur de notre peau.

Jean GENET

Connaissez-vous quelque prison-poème qui ferait éclater ma prison en une gerbe de myosotis ?

Jean GENET,
Notre-Dame-des-Fleurs

Préface

Deux ans après *Paroles de poilus*, les auditeurs des stations de Radio France ont à nouveau répondu à l'appel qui leur était lancé, et qui cherchait cette fois à réunir les paroles de ceux qui sont privés de liberté, quelle qu'en puisse être la raison : grâce aux détenus ou aux anciens détenus, à leurs familles, grâce aux visiteurs et aux correspondants de prison, aux animateurs d'ateliers d'écriture en milieu carcéral, plus de deux mille textes sont venus nourrir le corpus qui a permis de composer ce livre au terme d'une sélection qui visait à publier les témoignages les plus forts, les plus authentiques, les plus émouvants.

Fort naturellement, notre choix s'est porté sur des textes en grande majorité contemporains et, le plus souvent, écrits par des détenus anonymes. Ceux qui évoquaient l'univers des camps de la Seconde Guerre mondiale n'ont pas été retenus : ils relèvent d'un autre registre, et le mélange des genres n'aurait pas été pertinent. La plupart des auteurs sélectionnés évoquent l'univers cellulaire, inconnu avant 1820, et fort différent de l'ambiance qui caractérise par exemple les camps de prisonniers de guerre ou certains camps de prisonniers politiques.

Vous pourrez constater que l'authenticité de ces lettres, de ces journaux de captivité, de ces poèmes et de ces textes écrits en prison leur donne presque toujours une grande force de style. Ils ne jurent pas avec les œuvres des écrivains, des poètes et des témoins « connus » ou « reconnus », sans doute parce que l'ensemble des détenus ont un point commun : leur captivité les place – à l'image des poilus de 14/18 – tout au bord du gouffre de l'inhumanité. Et qu'ils soient sur le point d'être détruits par la prison ou qu'ils essaient de s'y reconstruire, le « long désapprentissage d'eux-mêmes » qu'ils y subissent leur y fait souvent découvrir ou redécouvrir des choses, des sentiments essentiels. Alors, dans la souffrance de la désespérance ou dans l'espoir de la « reconstruction », leur âme vibre : elle exprime la plainte d'Icare prisonnier de son labyrinthe aussi concret qu'existentiel. Elle exprime le chant de la condition humaine.

Il aurait été absurde d'entasser ces textes et des témoignages sous la forme d'une compilation stérile, sans essayer de restituer le sens global qu'ils véhiculaient. C'est la raison pour laquelle ce livre épouse la structure d'une marelle, allégorie par excellence de la vie humaine : entre la terre et le ciel, et tout au bord de l'enfer, chacune des cases de cette marelle regroupe de façon thématique les « paroles de détenus ».

La case du Lundi, jour de la Lune, exprime les tourments de l'homme incarcéré, crucifié par la solitude et par le temps. La case du Mardi, jour de Mars, est celle du prisonnier qui affronte la violence et la haine qui caractérisent souvent le milieu carcéral. La case du Mercredi, jour de Mercure, est celle de l'échange avec soi, avec les autres : elle regroupe les réflexions des prisonniers sur eux-mêmes et sur autrui, comme si l'homme isolé, ou au contraire condamné à une promiscuité forcée, avait la faculté de redécouvrir l'essence de l'homme au plus profond de lui comme chez les autres. Jeudi, jour de Jupiter, englobe deux cases : celle de la justice qui écrase, qui paraît inique et qui révolte, parce qu'elle semble apporter une réponse bien inadaptée à la misère humaine, et ensuite celle de la justice acceptée, assumée comme une force de rééquilibrage et de rédemption, indispensable à la cohésion sociale et au maintien d'une éthique. La case du Vendredi, jour de Vénus, regroupe les textes de passion, d'amour et de déchirure. Celle du Samedi, jour de Saturne, réunit les textes inspirés par la mort ou par la tentation du suicide et du néant. Enfin, ce parcours de lecture qui va faire de vous le prisonnier des toutes les geôles et de tous les états d'âme, au fil d'un parcours imaginaire composé de témoignages réels, s'achève avec la case du Dimanche, jour de la Lumière, jour de la présence divine : vous y retrouverez les textes de révélation, de grâce et de liberté, les mots de ceux que la prison transcende lorsqu'elle ne les a pas détruits.

Notre intention n'était pas de faire ici le procès de la prison, de l'administration pénitentiaire ou de la justice. Elle n'était pas de transformer le lecteur en voyeur impudique, en l'immergeant dans un « zoo humain » animé par les turpitudes plus ou moins glauques qui germent parfois dans les tréfonds de la misère humaine. Elle n'était pas non plus de l'inciter à s'apitoyer en sens unique sur le sort des détenus de droit commun et de faire oublier la souffrance souvent inconsolable des victimes de leurs délits et de leurs crimes.

Elle visait plus simplement à essayer de faire changer le regard porté par l'homme de la rue sur l'homme emprisonné. À rappeler que l'homme assassin, criminel ou délinquant reste un être humain, même lorsqu'il a franchi les limites de l'inhumanité. À briser ce mur de silence et de tabous qui nous incite les uns et les autres à ne pas regarder ce qui nous gêne, ce qui nous trouble ou nous effraie. À nous convaincre qu'au-delà de la privation de liberté qui caractérise la prison, rien ne justifie qu'aucun individu soit privé de tout ou partie de sa dignité d'être humain ; rien ne justifie que la souffrance infligée aux bourreaux soit proportionnelle à la souffrance infligée aux victimes, dans la mesure où la souffrance des uns ne compense jamais la souffrance des autres. À nous faire réaliser que le temps des « bagnes psychiques » est aussi révolu que celui des bagnes réels. À nous inciter à penser, à inventer, à réfléchir, pour ne pas répondre à la barbarie par la barbarie, et aussi pour que la prison ne soit pas la réponse en forme de démission qui serait donnée par la société aux grands problèmes qui la rongent : depuis trente ans, le nombre de détenus a quasiment doublé, alors que la population française n'a augmenté que de 10 %. Et ce n'est certainement pas le fruit du hasard si cette progression s'est effectuée sur fond de chômage et de « suburbanisation » débridée.

À l'heure où un tiers des crimes et des délits qui conduisent en détention sont le fruit de la drogue ou de la misère sexuelle, c'est-à-dire de la misère économique et mentale, il est clair que la Cité doit se poser de vraies questions très en amont de la prison, et qu'avant même d'apprendre à réinsérer les 57 000 détenus qui peuplent ses maisons centrales, ses maisons d'arrêt et ses centres de détention, elle doit apprendre ou réapprendre elle-même à « insérer » plutôt qu'à exclure tous ceux qui sont en danger de marginalisation : par manque d'éducation, par manque d'instruction, par manque d'amour, par manque d'équilibre, par manque d'argent, par manque de travail, par manque de nationalité française, par manque de chance ou... par manque de jeunesse.

Nous avons voulu que ces *Paroles de détenus* soient accessibles à tous et sous diverses formes : cette édition Librio à 10 francs devrait permettre au plus grand nombre de pouvoir lire les 209 textes choisis. Une version illustrée publiée par les Éditions des Arènes ajoute à la force d'un choix plus restreint de 75 textes, le poids de certaines images qu'aucune description ne saurait remplacer.

Un florilège de ces témoignages a fait l'objet d'une adaptation radiophonique réalisée par Yves Laplume et par les équipes des Ateliers de création des radios locales de Radio France. Pour ceux qui n'auront pas pu capter « Paroles de détenus » sur les antennes des stations de Radio France, un coffret de CD sera très rapidement accessible aux Éditions Frémeaux/Radio France.

Enfin, il reste à vous signaler qu'il va de soi que ce travail a été réalisé à titre bénévole : les droits d'auteur de ces ouvrages seront répartis entre l'Observatoire international des prisons, dont vous trouverez une présentation en annexe, et le budget de Radio France, c'est-à-dire qu'ils contribueront à alléger modestement votre effort de contribuable, vous, cher lecteur, qui êtes l'actionnaire principal de cette magnifique invention humaine qui vit grâce à vous et qui s'appelle la radio de service public.

Jean-Pierre GUÉNO

La marelle de l'oubli

De la terre au ciel, il y a huit cases : les règles sont strictes, et les épreuves immuables ; il faut savoir viser ; bien se garder de marcher sur les lignes ; garder son équilibre ; ne pas tomber : savoir passer son tour quand la pierre chargée de vos illusions se trompe de case ; être capable de savoir repartir de zéro en cas d'échec. C'est la marelle, « hopscotch » ou « deadbox » en anglais. Les jeunes Boliviens l'appellent la « Thunkuna ». Ils préfèrent y inscrire les jours de la semaine plutôt que des chiffres. C'est la marelle de la vie : de la terre au ciel, il y a huit cases plus une : la prison de l'enfer, celle qui sert d'antichambre éventuelle au paradis, comme si la chute originelle ne suffisait pas, comme s'il fallait rappeler en permanence le prix à payer pour oser imaginer croquer les fruits du jardin d'Éden... Il n'y a pas de purgatoire au vert paradis des souvenirs d'enfance. Les choses sont blanches ou noires comme les traits de craie de marelles sur le goudron des trottoirs...

Il faut arriver au bout, joindre la terre au ciel, domestiquer la quadrature du temps, et tout cela en sautillant à cloche-pied sous le regard imperturbable des étoiles...

Terre

Vous avez tous en vous la préface de votre enfance. Celle du parfum de votre mère ; la sensation de la lourdeur de vos paupières lorsque le sommeil y déposait ses vagues ; de l'insouciance du temps qui faisait sourdre sa marque dans le cerveau sonore de ces grandes horloges qui vous intimidaient. Le souvenir des premières peurs, celles du noir, des planchers qui craquent, de la solitude, des froissements d'ailes dans la nuit des greniers obscurs, celles des ombres menaçantes projetées sur les murs de la chambre et qui parfois venaient peupler vos cauchemars. Vous avez gardé la nostalgie des premières délices : caresses des doigts maternels au coin des lèvres et dans le cou, premier goût du pain, saveur de la cerise croquée, souffle chaud du soleil sur votre peau fragile, douceur des premiers bains, senteur des chemins sous l'averse, infinie légèreté du ciel qui n'en finissait pas de s'étirer autour du visage de cette femme qui vous avait donné la vie.

Et puis vous avez fait l'apprentissage des autres, et de ce qui ressemble parfois à la toute première prison : ce premier jour de la première rentrée scolaire, dont vous pouvez porter la cicatrice, cachée sous votre menton, tapie sous vos coudes ou griffée sur vos genoux.

La grisaille des murs qui enfermaient la cour. La sécheresse du béton qui tapissait le préau. La tristesse des platanes et de leurs troncs sales encerclés dans le rond des grilles qui leur permettaient de boire. L'apprentissage des premières violences, des premières frustrations, des premières concessions de l'âge de petit homme : le son des cris des filles exilées dans l'autre cour de l'autre école. L'aboiement du premier appel qui vous fit découvrir que votre nom pouvait être amputé de votre prénom. La vrille du sifflet du maître qui ordonnait les rangs. L'absence de votre mère au creux de vos entrailles. Le premier coup de poing donné dans votre dos. La détresse infinie des premiers bizutages qui ne suffisaient tout de même pas à gâcher la bonne odeur de l'encre et des protège-cahiers... Vous avez vite compris que ceux qui encadraient ces communautés d'hommes plébiscitaient souvent la loi du plus fort comme principe de l'équilibre au sein des groupes qu'ils devaient eux-mêmes dominer. Qu'ils utilisaient les forces naturelles de la violence collective pour que les individus s'usent, se polissent les uns les autres, comme le font les vagues avec les galets de la plage...

Pour ne pas avoir à subir le mépris du maître et celui de vos congénères de la cour de récréation, vous avez fini par apprendre à vous taire, subissant l'apprentissage du chantage consenti, du silence contraint, du racket toléré par ceux qui vous enseignaient pourtant la morale et le respect de l'autre. Vous avez appris à rester digne, surtout lorsqu'il s'agissait d'abandonner au passage une parcelle de votre dignité. Vous étiez mûr pour affronter d'autres communautés, d'autres prisons provisoires : celles du collège, du lycée, de la colonie de vacances, de la caserne, de l'usine, de l'hôpital ou de la maison de retraite. Dans les prisons d'un jour comme dans les prisons véritables, c'est bien la privation de dignité qui rabaisse l'homme et risque de l'éloigner à tout jamais de l'esprit d'humanité.

De la terre au ciel, sur la marelle de la vie, et dans les cases de ceux que l'on oublie, il faut savoir écouter la complainte des hommes enfermés... Elle raconte la vibration de leur âme. Elle épelle, à travers le tissu de la détresse et de l'espérance, la petitesse et la grandeur de la misère humaine ; elle raconte la chute que vous auriez pu vivre si vous aviez trébuché... ou si l'Histoire avait trébuché à votre place...

Une chute qui va faire de vous, le temps d'une lecture, au fil de cette marelle de l'oubli, le prisonnier symbolique, l'exclu par excellence : le larron... L'un de ceux qui sur le Golgotha souffrit une passion semblable à celle du Christ. Étrange symbole de l'histoire humaine qui crucifia côte à côte une victime et deux coupables... Étrange destin du plus célèbre des prisonniers politiques, dont la mort sauva la vie du voleur Barabbas...

Lundi

Lundi jour de la lune. Souvent les incarcérations ou les transferts ont lieu le soir : comme s'il fallait vous rappeler, à votre descente du fourgon, que vous venez de changer d'univers. Vous venez de rentrer définitivement – et pour un certain temps – dans le système cellulaire. Vous en aviez eu des avant-goûts : ambiances de commissariat ou de palais de justice ; garde à vue, auditions, interrogatoires ; grilles, portes, judas, serrures, barreaux. Au pays de la nuit, au pays de l'écrou, la lumière est électrique, blafarde, terne, pisseuse, sale. On vous saisit, on vous interroge, on vous commande, on vous empêche, on vous interdit. On vous identifie, on vous observe, on vous photographie, on vous anthropométrise, on vous immatricule. On vous déshabille, on vous fouille, on vous encage. On vous enferme, on vous isole, on vous mélange, on vous surveille, on vous garde. On vous punit.

En franchissant le pas de la porte de la prison, vous avez perdu à tout jamais la clé du pays de votre enfance. Le monde extérieur s'est effondré comme un château de cartes.

Lundi jour de la lune. Astre du temps qui passe. Astre qui jaunit les draps et les visages. Jour de la nuit qui vient vous crucifier, enfonçant très progressivement dans le creux de vos mains ballantes les clous du temps qui n'en finit plus de passer, la vrille de la solitude et l'écharde retournée de l'ennui. Intérieur jour ; intérieur nuit...

Pendant longtemps les hommes qui enfermaient les hommes vous ont privé de montre : la torture était subtile. Vous ne saviez plus ni le jour ni l'heure. Vous aviez perdu la liberté de votre temps.

À présent le supplice est différent ; vous avez retrouvé votre montre et votre alliance : tranchée par l'épée des minutes et par le poignard des heures, chaque seconde vous coupe le souffle, vous troue le cœur et vous transperce l'âme... Et l'anneau qui brille à votre doigt vous étouffe dans le cercle vicieux de l'absence.

Vous vivez au rythme imposé du temps des autres, au rythme du temps des geôliers, au rythme des bruits de la prison : claquement des grilles, des portes et des pas, cliquetis des clés assassines, écho des cris qui ne se répondent pas, cascade stérile et monocorde du « bâton de maton » qui n'en finit pas de tester les barreaux.

Et c'est la lune qui active dans votre tête sa marée de murs. Au gré de vos états d'âme, la cellule semble se rétrécir, jusqu'à vous écraser, ou, au contraire, elle reprend au millimètre près sa mesure exacte.

Il faudrait que la lune se cache ou se désintègre pour vous donner l'illusion de la disparition de ces murs dont vous ne savez pas au juste s'ils vous étranglent ou s'ils concentrent sur le creux de votre estomac cette boule, ce poids de l'angoisse, plus lourd que le béton, plus vertigineux que le vide apparent. Atlas emprisonné n'aurait pas porté le poids du monde sur ses épaules mais sur la pauvre cage de son thorax, comme la blatte coincée sous le pied du détenu qui ne sait pas encore s'il va la rendre à sa nuit putride et confinée, ou la projeter vers cette nuit infinie qui enrobe les étoiles.

Ouverture

On ne voudra pas supposer que l'homme ait pu se créer le plaisir barbare d'assujettir son semblable à des souffrances de longue durée, s'il n'avait pas considéré que ces souffrances pouvaient produire l'amendement le plus utile... et s'il est entré dans l'esprit du législateur l'intention première de soulager la société de la présence d'un malfaiteur, pendant quelques années, il sera resté au fond de son cœur l'espérance et le désir de le recréer pour elle...

Jules Jean Antoine de BÉSAUCÈLE,
Embrun, 1820

Ils n'en finissaient plus de me poser des questions – ils formulaient les réponses – ça ne dérangeait personne, surtout pas moi. Tout semblait se dérouler ailleurs. Je n'étais pas acteur. Je n'étais qu'un prétexte, une métaphore judiciaire qui changeait en fonction des humeurs de ceux qui m'interrogeaient. Parfois, je sentais l'odeur âcre du sang qui me dégoulinait du nez, de mes lèvres, – du dedans de ma tête alors que personne ne m'avait frappé. Ils voulaient la vérité. [...]

Ils me parlèrent du temps passé – une notion qui ne me rappelait rien, ou vaguement. [...] Comment dire ce que je ressentais à des gens qui pensaient à autre chose et dont le souhait était que je raconte ce qu'ils voulaient entendre ? Ça les dépassait, j'étais tellement loin d'eux qu'ils se sentaient insultés. Il fallait l'exemple, je serais celui-là

Joël

Je regardais encore la route, nous approchions du but. La direction prise nous éloignait du centre-ville. Depuis un moment, nous longions un mur d'une hauteur significative. Un coup de frein sec mit brutalement fin à mes suppositions silencieuses.
À peine étions-nous à l'arrêt que l'inspecteur, assis à droite, sauta au sol et, se ruant sur un lourd portail métallique, s'annonça à l'interphone. Les deux battants s'ouvrirent, mus par une commande électronique. Notre véhicule démarra aussitôt pour s'engouffrer dans la brèche et se ranger dans une petite cour étroite. Ma portière fut décollée d'un mouvement brusque et, d'un geste, on me fit signe de sortir.
Une femme en uniforme s'avançait vers nous ; elle prononça quelques mots aimables à l'adresse de mon escorte et se tourna vers moi.
Dès que je posai un pied au sol, un éclair de vertige fit chanceler ma démarche. Un début de migraine me taraudait les tempes, une gangue de bile enserrait ma langue, et mon estomac, tiraillé par la faim, gargouillait de façon intermittente.
J'étais glacée dans mes vêtements de cuir et je me sentais sale, après ces quatre-vingt-seize heures de garde à vue.
Impression d'être un personnage irréel dans un décor absurde.
Le port des menottes m'avait été épargné ; sans doute mon

anéantissement visible ne laissait présager ni rébellion ni fuite. L'idée de fuite m'avait pourtant effleurée au moment où j'avais grimpé dans le véhicule, libre de tout lien ; idée étouffée aussitôt par une sensation de faiblesse physique telle que je me voyais mal « piquer un sprint » à travers les rues glissantes et venteuses.
La surveillante me prit en charge et me fit franchir l'entrée de la maison d'arrêt.
Impression immédiate d'ombre et d'enfermement.
Un relent d'humidité et de renfermé vint heurter mon odorat. L'hostilité qui suintait des murs épais hérissa mon épiderme d'un frisson de panique.
Je fus dirigée sur une petite pièce adjacente, je lus l'inscription des Greffes, qui ornait la porte de ses lettres dorées. Un comptoir de bois coupait la pièce en deux...
Derrière celui-ci, une surveillante gradée me reçut et je dus encore répondre à des questions concernant mon état civil et mon état de santé.
Un coup de téléphone interrompit ces formalités d'accueil et me rendit à mes impressions.
Sensation d'être prise dans une ratière, d'être jetée dans un trou sans issue.
Sensation d'être délestée de toute possession, d'être dépouillée de mes particularités d'individu.
Je n'étais plus qu'un nom, un prénom ; bien pire, un numéro d'écrou.

Vickie, Marseille

On me salit les mains d'encre noire pour maculer une feuille presque blanche. On me désentrave. Une sensation de légèreté m'envahit avec l'impression de retrouver quelque chose de perdu sans vraiment savoir quoi ou qui.
On déverrouille une porte. On me prend dessous le bras et me pousse à l'intérieur d'une pièce. La porte se referme. J'y suis vraiment donc ? Un doute subsiste encore. Il y a peut-être une sortie de secours, ou bien une issue du même nom ? C'est pas très clair tout ça. On me balade ici et là sans me parler ou alors pour me susurrer des admonestations qui me laissent perplexe dans la suite des événements.

J'entends des rires. Des rires qui s'enfuient dans les dédales de mon cerveau et qui rebondissent dans les angles des coursives en faisant écho.

Joël

Les murs sont là, qui déjà me désignent comme coupable ! La culpabilité me colle à la peau comme l'humidité sur le cul souriant du nourrisson. Se le torcher procède davantage d'une vue de l'esprit que du souci prophylactique...
J'observe le ciel. Il me semble immense et quadrillé. Des piafs le défoncent furieusement et j'en vois qui tournent, tourneboulent et pirouettent par paquets homogènes et finement ficelés. Il y a dans cet ailleurs comme de l'opéra sauvage... Tiens, un blanc nuage ! S'est-il égaré ? Il y a tant de bleu dans ce ciel qu'il impose sa trame.
J'ai du mal dans le dedans de ma tête où se traîne encore le deuxième mouvement du Concerto en sol mineur de Corelli. Une forme de la persistance harmonique, aux halètements absurdes, semble me bouffer un lambeau du souvenir car ici, ce n'est pas la mémoire, cette absolue nécessité, mais la souvenance qui se tire en gueulant des trucs insensés ! – Un mec déguisé en rouage m'invite à me dévêtir. Le ton est courtois mais désabusé.
— Écarte les jambes et touche tes pieds avec tes mains, me dit-il curieusement.
Et s'il m'avait demandé de toucher ces extrémités-là avec mes oreilles ? Puis il me perce le fondement d'un regard scrutateur. De l'humiliation te pénètre alors. Et cette pénétration semble favorisée par ton œil de bronze désormais soumis aux lois de la perspective cavalière. L'œil du praticien semble exercé...
— Vous cherchez quoi ? De la drogue... Un laboratoire clandestin ?
— Écrase-toi, conclut-il.
Le ton me déplaît. Non pas l'invite à fermer ma gueule, mais le ton.
— Je vous demanderai de ne pas me tutoyer, me faut-il rétorquer.
— Ah bon ?
— Ben oui !
Quelle curiosité que cet exercice du dialogue. Une séman-

tique de l'absurde où la syntaxe se confond en illusoire et hypothétique saveur. Mais le gardien est bonhomme et sourit à mon souhait. Puis ce sont de longs couloirs entachés de nullité, tout comme en droit. Mais ici tout est courbe puisque infini. Des meuglements comme des insultes ponctuent mes frayeurs dans ce monde inversé.
C'est donc cela ma punition. C'est donc cela la liberté retranchée. Puisse le monde du dehors tranquillement s'étourdir de ses faiblesses, car la chiourme est en cage !
[...]
Je ferme les yeux. Il me faut constituer des repères. Mes pensées sont fragiles.
La taule me tue déjà et déjà je meurs d'impuissance...
C'est donc seul et livide, affolé comme ces bêtes que l'on emmène pour un dernier abattoir, que je vais entrer dans ce cirque de l'épouvante.
J'ouvre les yeux, pour mieux les refermer...

Jean-Claude

L'entrée en prison de tout individu passe par le rituel de la « fouille ».
Devoir se dévêtir complètement afin de vérifier qu'aucun objet, aucune substance interdite n'est introduite dans ce nouveau lieu !
Mais cette mise à nu est bien plus profonde qu'il n'y paraît. À partir de ce moment, plus aucun moment d'intimité ! La promiscuité d'une existence à plusieurs dans moins de 9 m^2, 22 heures sur 24. Le regard permanent d'une surveillance incessante.
Ce rituel qui se renouvelle régulièrement est aussi le moyen d'affirmer le statut de dominé, de soumis, de sous-homme qu'est le prisonnier, même s'il n'est que « prévenu », c'est-à-dire « présumé innocent ».
Humiliation, perte de l'identité, privation de la liberté, de l'action, du mouvement, s'accompagnent d'une perte de sa conscience de citoyen, d'homme. L'individu dérive de l'homme responsable vers un animal plein de haine et de rage, solution facile pour survivre en prison.
Il se pose la question suivante : la vie en prison n'est-elle pas que survie ?

Peut-on faire de l'épreuve de la prison une épreuve constructive dans la vie d'un homme ? Peut-on ressortir grandi, renforcé, d'un passage par la prison ?
La prison peut-elle être profitable ?
Il est nécessaire de préciser que le système carcéral actuel est basé sur la notion prioritaire de sécurité. Le système se doit de maintenir enfermés les individus qui lui sont confiés. Les notions de réinsertion, d'éducation, de prise de conscience sont seulement satellites et ne doivent à aucun moment entraver l'objectif essentiel !
Vivre en prison, c'est ne jamais cesser de se battre. Conserver son identité, le respect de soi-même (lié au respect général), une autonomie, un espoir, la culture de l'espérance.
Se battre pour rester en contact avec la réalité du dehors, se battre pour garder un pied dehors, se battre pour trouver tous les jours la force de se lever et de trouver du soleil dans cet univers gris froid !

Jean

Au grincement sinistre et significatif de la lourde porte se refermant sur moi succède peu à peu un silence de fin du monde... surtout ne plus penser... ne plus penser pour ne pas craquer... déposer mon piètre nécessaire de taulard... le disposer... lui assigner une place... créer l'illusion de l'utilité d'un geste... reste à vivre... même pas à vivre, à exister seulement... à végéter animalement, organiquement...
Mais surtout, surtout ne plus penser... repousser les images, toujours les mêmes : celles d'hier, d'ailleurs, du temps qui ne reviendra plus avant tant de temps... ne pas penser... ne pas reprendre les dernières phrases de la dernière conversation... les mots que la séparation a rendus si douloureux... si déchirants... ne pas penser... se dire seulement qu'il fait froid, qu'il fait triste... s'éparpiller dans les détails, se fixer aux automatismes... cuillère, fourchette, assiette, bol... manque rien... non rien, pour fonctionner, pour subir... mais ne pas penser... surtout se défendre d'être conscient... d'être lucide... s'interdire de comprendre que dehors, dans un autre temps de ce temps, un monde existe encore où des femmes et des hommes sont heureux sur une terre à la dérive... cette île flottante que représente une chambre où

l'on est deux... être deux, c'est de cela que je crève... ici... hors du temps... et c'est pour cela que la porte de la légalité vient de se refermer aussi pesamment sur moi en écrasant tout mon bonheur... c'est pour cela que ma raison de vivre m'échappe et s'enfuit de moi de toute part... surtout ne pas sombrer... cesser ces pensées incontrôlables... conserver un semblant d'existence... veiller la vie, la retenir... protéger la petite flamme vacillante et fragile... Annie, ma vie, protège-moi... j'accepte d'exister pour toi... [...] mon cœur est lourd... mon corps est sourd mes doigts sont gourds... Annie, ma joie, tu n'es plus là... Ils disent que c'est la loi... [...] Le soir arrive, la nuit descend, les ténèbres sont là qui me recouvrent et m'étreignent froidement... je ne me couche pas, je m'effondre, je m'abîme... Annie, j'ai froid... Tristesse, amertume, la graine est plantée quelque part en moi, elle germe déjà, elle va croître à m'étouffer... Face à mon bat-flanc, à travers mon lambeau de fenêtre, dans le ciel bleu-noir, pareille à une cape d'orphelin, une étoile tremble... Est-ce toi Annie, qui veilles sur le souffle qui me maintient en vie ? [...] Il faut veiller contre les mauvais conseils que porte la nuit dans ses ténèbres de désespoir absolu... se méfier du froid de l'âme et de ces grands frissons de mémoire qui donnent la fièvre au corps pantelant... ce corps bouleversé, chambardé, chamboulé, dans lequel tristesse et dégoût, plaisir de vivre et envie de mourir ne sont plus que notions pêle-mêle et sensations dramatiquement sens dessus dessous... ce corps auquel l'esprit s'agrippe comme à une bouée... Oh, le temps qui passe et trépasse... bonheur rompu, bonheur enchaîné... Temps obstiné, temps inanimé...

Michel, Varces

C'est cet après-midi-là que, pour la première fois, j'entends la symphonie des grilles : quand les détenus sont en promenade, un gardien entre dans chaque cellule et, à l'aide d'une barre de fer, tape sur tous les barreaux pour vérifier qu'ils ne sont pas descellés. Le bruit, lugubre, résonne dans tous les étages.

Loïc Le Ribault,
Lettre à mon juge

Je vais te détailler la cellule, murs tapissés et peints en beige clair, ou crème si tu veux, une petite penderie avec casiers bleus en Formica, un bouton lumière, un bouton appel pour surveillant, un tube néon au-dessus de la glace avec prise, mais on ne peut se servir de cette prise, un lavabo, un petit muret pour cacher le W-C très très propre, par terre c'est une espèce de damier ballatum, un petit lit comme à la maison, en ferraille bien sûr, la fenêtre est très large et très haute, on peut se pencher, juste à la taille, et pas de grillage, juste une grille peinte en blanc, ce qui n'enlève pas comme à Bourgoin-Jallieu la lumière. Je suis au 4ᵉ étage, il y a un petit ascenseur, mais juste pour le personnel, nous on doit prendre l'escalier, sauf quand le fardeau du paquetage est lourd ; dans la cellule encore, un petit bureau table, très bien aussi, un radiateur, voilà ! la pièce fait environ 10 m^2, peut-être moins ?

Michel, Saint-Maur

Malgré l'épaisseur de ses murs, la prison est une maison de verre. Il n'y a personne pour vous parler, mais tout le monde pour vous voir. Dans le lourd silence se devinent des yeux invisibles. Quand le glissement d'un pas dans le couloir s'arrête soudain près de votre porte, vous savez qu'un regard étranger vous épie. On peut me voir à tout instant par les deux impostes, que surplombe un escalier, par le guichet percé dans le mur, par « l'œil » troué dans la porte. Les champs d'observation ainsi ménagés se recoupent de telle manière qu'aucun angle de la pièce ne peut échapper. Au début, j'ai beaucoup souffert de cette violation incessante d'intimité. Il est des instants où l'animal lui-même éprouve le besoin de se cacher. Puis je me suis habitué à cette gêne comme à d'autres. Sans doute le sentiment d'un regard indiscret toujours possible doit-il exercer une influence sur les gestes les plus courants. Il s'agit de s'accoutumer à cette idée que, quoi que vous fassiez, quelqu'un vous regarde peut-être. On se surveille. On évite les abandons ou les pantomimes. Cette discipline étrange a du bon. Elle vous fait découvrir qu'au fond il se dissimulait plus de crainte du ridicule que de pudeur dans la précaution que vous preniez, autrefois, de vous enfermer à certains moments. Vivre comme si des yeux étrangers vous observaient sans cesse, ce pourrait être une devise pour le sage. Il viendrait utilement ici en faire l'apprentissage. Mais vous ne pouvez plus extérioriser cette heure de folie que contient, paraît-il, chaque journée humaine. Si l'envie vous prend tout à coup de gesticuler sans motif, de gambader parce que vous êtes gai – on peut être très gai dans une cellule – ou simplement de chanter tout seul, votre élan est parfois coupé comme avec une serpe par le petit déclic de l'œillet de la porte qui se relève.

Jean ZAY,
Souvenirs et solitude

Intérieur jour
Je suis enfermé dans une cellule. Un œil-de-bœuf inaccessible laisse pénétrer un peu de lumière ; le plafond est haut ; un bat-flanc à charnières est collé contre la paroi de ce caveau. C'est tout. C'est le cadre qui convient au banni de la société ; au prisonnier.

Intérieur nuit
La nuit pénètre par le hublot élevé de la cellule. Elle cache l'austérité du lieu, elle cache ma misère. La dureté, la nudité des planches du bat-flanc ramènent bien vite au réel l'imagination qui vagabonde déjà au-delà des murs de la geôle. La pensée et le corps finissent par s'effondrer et se confondre au néant qui m'entoure.

Intérieur cour
La captivité est un hiver sans fin ; un esclavage qui ne comporte que la faculté de se mouvoir dans un rectangle de terre pelée. L'existence d'un prisonnier est faite d'immenses intervalles séparant des riens ; de mornes méditations émanant d'un esprit asphyxié dans une atmosphère de prison ; de tristes sentiments refoulés dans un cœur saturé de rancune ; de colères subites et nerveuses maintenues sous pression dans un corps flétri par un état miséreux. Cette vie ne se raconte pas ; elle est vide, elle est creuse. C'est une tranche de quelques années à rayer, à supprimer brutalement. Le corps sort de cette aventure vieilli et las mais il n'a pas vécu.

Raymond, Tournai

Ici point de parfums, des odeurs seulement
Qui traînent vers le bas tous ceux qui les supportent
Au-dedans, au-dehors, et derrière la porte
D'un chauffoir exilé au fond du bâtiment

Des odeurs qui appuient sur la tête levée
Vous font courber l'échine et rabaisser les yeux
Les pieds, les pas, les gens, la nourriture même
Ont tous, matin et soir, l'odeur de renfermé
Ce n'est pas étonnant dans cette attente extrême :
Ici l'on ne vit pas on subsiste, un peu.

Xavier

Tout au plus quatre mètres carrés. Une porte en bois massif dédoublée d'une grille espacée d'un mètre. Dans un coin, un chiotte turc, et distant d'un autre mètre, un lavabo incrusté dans le mur dont l'ouverture se faisait au-dessus du chiotte. Une plaque de béton dans le coin opposé prenait forme de lit. Le soir, vers 19 heures, nous rentrions un matelas en mousse que nous sortions le matin vers 7 heures. Une table de béton incrustée dans le milieu du mur en vis-à-vis du lit. Un tabouret en trépied me permettait de m'asseoir en courbant la colonne vertébrale. Hors de portée un haut-parleur crachait de la musique... RTL de 8 heures à 22 heures, heure de l'extinction des feux. Droit à une heure promenade le matin et une heure l'après-midi à des horaires différents.

Joël

Je te dis comment est la cellule. Deux lits jumeaux, sol vert, mur ocre sale, une petite fenêtre donnant dans une cour sombre, et sous la fenêtre, un mur avec des carreaux transparents ; la petite armoire est en béton, la table aussi ; un W-C et un lavabo avec la lumière au-dessus (le néon est petit) ; au plafond une autre lumière, mais elle n'est pas allumée pour le détenu, sauf ce matin. Voilà.

Michel, Saint-Maur

Dans la cellule ou derrière les pieux de la palissade, on est seul en effet contre tous les autres, seul et séparé par un mur de cet immense grouillement d'hommes dont on a été brutalement retranché, de cette humanité remuante et libre qui semble vous avoir abandonné, vit sans vous, s'organise et agit sans vous, prenant tout entière figure d'adversaire. Son poids formidable pèse sur le toit de la prison comme sur un couvercle qu'elle ne laissera point soulever. Il faudra donc, pour résister, composer un monde à soi seul, retrouver en soi et cultiver toutes les sensations, toutes les satisfactions que vous procuraient naguère « les autres ». Ces « autres », égoïstes et lointains, c'est à vous maintenant de les abandonner, de leur prouver que vous pouvez vous passer d'eux et que vous les avez condamnés plus sévèrement qu'ils ne vous ont frappé.

Jean ZAY,
Souvenirs et solitude

L'administration ! Elle n'a pas mission de faire de la réinsertion, sa vocation première est d'utilité publique, celle de garder les détenus, d'empêcher qu'ils s'échappent, de les soumettre à un règlement drastique, de punir les débordements, de contrôler leurs faits et gestes, et pour ce, elle dispose de toute une panoplie d'instruments plus au moins assujettie au droit de l'homme. On lui a confié des individus au ban de la société, non désirables. Le contexte est l'ordre et la punition.

Joël

Si l'on me demandait : « Combien de temps êtes-vous resté à Fresnes ? »
Je répondrais sans réfléchir :
— Un mois.
J'y suis resté huit jours.
Trente jours, en prison, cela doit faire – dans le souvenir – entre cinq et six mois. Ceux qui y sont depuis quatre ans – y sont au moins depuis vingt ans. À leur sortie, cela se verra.

Sacha GUITRY,
60 jours de prison

Imaginez une cour entièrement bétonnée de 7 mètres sur 5,5 mètres, sans aucune vue sur le monde extérieur, ouverte seulement sur le ciel mais couverte par un épais grillage. Une véritable fosse aux ours, telles celles qu'on voyait autrefois dans les zoos et qui furent interdites pour cause de cruauté envers les animaux grâce à l'action de la SPA. Pourtant, si ce genre de fosses est désormais interdit aux animaux, il est bel et bien autorisé pour certains hommes à Gradignan, en France, quatrième puissance économique du monde (c'est du moins ce qu'on prétend dans le pays).
Bien entendu, les murs lépreux sont couverts de graffitis, la grille, rouillée, vomit son eau pourrie sur le sol carrelé de la cour, qui a pris elle-même la couleur de la rouille. Mais celle-ci n'est pas uniforme : à la limite des murs, un liseré plus clair délimite le trajet de milliers de pas qui, les uns après les autres, ont usé jour après jour la couche rougeâtre. C'est la « promenade ».

Loïc LE RIBAULT,
Lettre à mon juge

Je n'aime pas être enfermée, surveillée. À 23 heures, extinction de la lumière, les barreaux, le noir, les menottes, quelques surveillantes, des clés, des chariots, le train, la locomotive, les sirènes, les haut-parleurs, les noms, une petite pièce, petites toilettes, le bruit des chasses d'eau, des couvertures vertes, les couteaux.
Je n'aime pas la purée, le hachis « parmentier », les haricots, les saucisses, être à l'heure...
J'aime bien les chaises, les tables, les cigarettes, l'air, la nature, la liberté, le contact avec plein de personnes étrangères et françaises, un bon café bien chaud, les bains, le travail solitaire ou avec des amies, la propreté, l'hygiène, le maquillage, les roses, les tulipes, les coccinelles, les hirondelles, les chiens, les petites portes peu épaisses, la montagne, le soleil, les paysages, les peintures artistiques, être chez moi, avoir un petit chez-soi avec beaucoup d'air et de clarté, avoir un père, une mère, des sœurs et des frères qui s'aiment et qui s'entraident.
J'aime un peu de solitude.

Marie-France

Mon stylo me démange... Il ne s'agit pas des bruits de clé, du claquement de la porte, du couvre-feu, des matons, des humiliations, du suicide d'un copain, du mitard, des fouilles à poil, de l'incertitude corrosive, de la paranoculture, des cauchemars obsédants, des coups, de la masturbation inqualifiable, du racket, des viols, de la promiscuité infernale de 3 ou 4 souffrances dans 9 m^2, des numéros déshumanisateurs, du vide d'un non-être absolu. Il ne s'agit pas de dire l'indicible, car bien sûr ces mots ne font que qualifier des souffrances sans évoquer un seul instant l'intensité infinie de leur réalité.

Bruno

Une branche d'arbre qui bouge
Ombre chinoise
Sur le verre dépoli
De la fenêtre
Il y a aussi des barreaux
Toujours
Il y a du silence
Complice
Et de la vie
Toujours la vie
Et de l'amour qui se balance
Sur les agrès de nos cœurs gros
Je suis
Verbe être
Si vil civil et poli
Je suis dans le vent qui déboise
Le vent, qui torture et qui ronge
Le vent d'ennui
Dans la nuit qui revient inlassable.
Ma nuit
Où ma peine indéfinissable
M'attend.

Pierre, Loos-lès-Lille

Il est une expression terrible, dont je commence seulement à pénétrer le sens : tuer le temps. Besogne absorbante, toujours recommencée... Tuer le temps est une tâche vitale quand on est seul, face à face avec lui. Il y faut beaucoup d'imagination et un grand esprit de méthode. C'est, avec le soin de sa santé, l'unique souci du prisonnier : « Il faut durer », disait Blanqui. Le seul moyen de « tuer le temps », si l'on ne peut pas dormir toute la journée, c'est de s'imposer un horaire inflexible, de ne pas laisser une seule minute inoccupée : de 7 à 8, culture physique ; de 8 à 9, promenade ; de 9 à 11, étude ; de 11 à 12, lecture ; de 12 à 12 1/2, repas ; de 12 1/2 à 15, courrier, etc., etc. Si, par une fissure, le désarroi, le désœuvrement parviennent à s'introduire, l'on est perdu. Depuis que j'ai des livres et de quoi travailler, il m'est devenu bien plus facile de vaincre le lent défilé des jours. Mais, pendant les longs mois où j'ai été enfermé les mains vides entre mes quatre murs, j'ai appris pour tuer le temps, à vivre de petits détails, à prolonger les plus minuscules distractions et à en exprimer tout le suc, à doctriner la moindre besogne. Faire son lit est un art délicat ; on y peut consacrer une grande demi-heure. C'est une véritable science que d'allumer le feu et l'on n'y saurait sacrifier trop de temps. Faire chauffer de l'eau pour la toilette, laver le bol et les deux assiettes, lire la lettre qui vient d'arriver, ranger ses affaires, autant de soins minutieux dont on prolonge à l'extrême le plaisir insoupçonné. Voilà une nouvelle « vie humble aux travaux ennuyeux et faciles », qui cessent d'être ennuyeux, parce qu'ils sont le seul dérivatif de la solitude, et cessent d'être faciles, parce qu'on s'y adonne vraiment. Acquiert-on ainsi de petites vertus ménagères ? Peut-être. Plus sûrement encore, on devient maniaque. À force de répéter sans cesse les mêmes gestes insignifiants, dans un cadre étroit, on finit par leur donner un rythme immuable. On n'imagine pas de balayer le dallage dans un autre sens... Le plus petit travail a été standardisé. Comme on est certain d'avoir trouvé, à la longue, les méthodes les plus économiques, on s'y borne résolument. Des mécanismes se remontent et se déclenchent en vous. L'automatisme vous menace.

Le moment le plus pénible à surmonter, c'est celui du crépuscule, la lente et mélancolique soirée, car c'est d'ordinaire, pour les hommes libres, l'heure du foyer retrouvé. Quand la nuit vient murer la fenêtre, que l'électricité s'allume, on pense à l'employé, à l'ouvrier, au paysan qui, la journée de travail achevée, retourne à la tiédeur de sa maison, y rejoint la femme, les enfants, sa place à table, les habitudes fidèles. Alors la solitude pèse sur vous de tout son poids. Le livre tombe des mains ; la pensée s'envole. C'est l'heure de rester maître de soi et de choisir pour sa rêverie les sentiers les moins sombres, ceux où l'on ne côtoie pas trop de précipices.

Jean ZAY,
Souvenirs et solitude

Fantômes

Les fantômes la nuit font revivre ces murs
Combien de désespoirs, de souffrances, et d'attentes
Dans ces pierres gravées depuis combien d'années
Combien d'hommes enfermés, de coupables et de purs
De familles brisées par une longue attente ?

Ils en ont vu ces murs divisant la prison
Ces murs où sont gravés d'étranges souvenirs
Quand vient la nuit ils parlent, ils gémissent et ils souffrent
Ils transpirent de haines et de lointains soupirs
Ils transpirent un parfum plus âcre que le soufre

Treize mètres carrés forment une société
De quatre numéros sans personnalité
Treize mètres carrés où à quatre serrés
Il n'y a plus de place pour savoir espérer

Ces murs ont un passé, une histoire profonde
Un désespoir aigu gravé en chaque pierre
Une accumulation de haines et de frondes
Un condensé de fiel et une crasse fière

Xavier

Mauvaise nuit. Insomnie. Sensation subite d'étouffement, de l'impossibilité de vivre et de respirer pendant des mois dans vingt mètres carrés. Cauchemar du poids sur la poitrine et des jambes molles qui ne vous portent plus. J'arpente ma cellule jusqu'à l'aube. C'est l'heure « du vrai courage, celui de trois heures du matin », selon Napoléon.

Jean ZAY,
Souvenirs et solitude

Au-dessus de la cour, le ciel est bleu et calme, l'hirondelle fuyant nous regarde de haut ; elle passe et repasse : elle n'a pas d'états d'âme, et au-dessus du toit le ciel est toujours beau. Le ciel est toujours beau car il est toujours libre : il n'a pas de limites, même lorsqu'il est gris.
En bas, avec patience, les derviches tourneurs arpentent, monotones, le périmètre qui chaque jour constitue le voyage intérieur du cloaque pénal d'où l'on ne peut s'enfuir. Et ils tournent, inlassables, et dans le même sens, piétinant chaque grain d'un vieux goudron sali et virant, à chaque angle, vers le même destin d'une attente infernale à vous glacer le sang. Le parcours est varié : à chaque angle il y a un manouche allongé, un robinet qui fuit, un urinoir vieilli par les traces passées, les boules de pétanque, qu'on a laissées, là-bas... On double lentement sur la grande croisette des héros de chauffoir qui marchent lentement ; on est doublé aussi par une ombre muette, un piéton plus pressé qui s'en va, tristement. Contre le mur, certains s'imaginent à la plage dans leurs shorts délavés ; ils bronzent lentement contant leur dernier casse et ils tournent la page du journal d'avant-hier qu'ils lisent patiemment. Sous les arcades d'autres roulent une cigarette en forme d'entonnoir, l'habitude des « joints ». Ils fument lentement, remontant leur braguette, expulsent un glorieux rot : ils ont marqué un point...
D'autres en conférence, car ayant rencontré le futur associé pour leurs vols de sortie, imaginent déjà la future victime, la tête qu'elle fera et aussi leur profit.

Xavier

Je suis en partance
Aux jours de l'exil
Aucune importance
Je tiens le bon fil

J'ai lu le Grand Meaulnes
Je dors si je veux
Mes doigts restent jaunes
Et noirs mes cheveux

Dehors me murmure
À travers le toit
Et chaque voiture
Va passant pour moi

Comme en ta couchette
Rêvant sur le bois
M'abreuve en cachette
À l'eau que tu bois

Et si j'en ai marre
Plein mon cendrier
J'ajoute une barre
Au calendrier

Albertine SARRAZIN,
Amiens, 1958

Il y a ce matin un an que j'ai perdu ma liberté. Les mots traduisent mal ce que contient cette idée. Il faudrait dire « un an qu'on m'a amputé de ma liberté », tant la sensation est celle de la perte d'un membre ou d'un sens. Depuis un an, je puis aller et venir sur une vingtaine de mètres, mais je me heurte ensuite à un mur, et cet arrêt brusque dans la promenade interrompt chaque fois le mouvement de la pensée, comme celui des jambes. Ainsi l'animal attaché au piquet reçoit-il le coup de frein de la corde quand il en a atteint la limite. Mais la contrainte physique est toujours supportable ; elle appelle vite l'oubli, l'habitude. Plus lourde est la conscience de l'humiliation intellectuelle. Il semble qu'on vous vole un morceau de votre vie, une partie même de votre être, qu'on vous a diminué et rendu infirme, en vous dérobant votre libre arbitre. Vous êtes à la disposition de mains étrangères, devenu une chose qu'on manipule, un objet sans défense que des mains indifférentes et vulgaires repoussent dans un coin avec mépris. Véritable supplice que le sentiment d'une totale impuissance. Vous n'êtes plus maître de vos affaires personnelles les plus insignifiantes. Cette démarche dérisoire, cette course dans un magasin qui suffirait à régler tel besoin intime, elle est hors de votre portée, plus inaccessible que jadis le rêve d'un voyage lointain. L'épicier du coin est plus éloigné que l'Inde et que la Chine. Vous êtes ligoté, neutralisé, hors de la vie et de ses plus modestes attributs. Il vous faut pour acheter un journal, une boîte d'allumettes, recourir à la complaisance du visiteur ou du greffier. Ne croyez-vous pas être atteint de paralysie, de gâtisme, semblable au vieillard cloué sur sa chaise longue ? Tout ce que vous possédez de jeunesse et d'énergie inemployées rend honteuse votre inutilité. Quoi donc ! Vous voilà incapable de gagner le pain de vos enfants et pourtant vous sentez plus alertes que jamais les forces de votre corps et de votre cerveau. Pour un temps dont vous ignorez la durée et au moment où rôdent les périls, vous ne pouvez étendre aucun geste protecteur sur ceux que vous aimez. C'est vous qui avez besoin, au contraire, d'être protégé, aidé, nourri, assisté dans les plus petites choses. La condamnation à l'impuissance, voilà le trait le plus cruel de la prison. Il faut un effort pour estimer encore en soi l'homme complet, avec tous ses moyens endormis. Il faut à chaque instant faire jouer sa pensée, comme on fait jouer ses muscles, pour se sentir intact, riche de sève et de volonté. Alors le souvenir des jours passés, la certitude de la liberté intérieure, l'espérance de la délivrance peut-être proche et des activités retrouvées surnagent soudain comme la planche de salut. Et vous êtes sauvé.

Jean ZAY,
Souvenirs et solitude

Le poète au cachot, débraillé, maladif,
Roulant un manuscrit sous son pied convulsif,
Mesure d'un regard que la terreur enflamme
L'escalier de vertige où s'abîme son âme.

Les rires enivrants dont s'emplit la prison
Vers l'étrange et l'absurde invitent sa raison ;
Le Doute l'environne, et la Peur ridicule,
Hideuse et multiforme, autour de lui circule.

Ce génie enfermé dans un taudis malsain,
Ces grimaces, ces cris, ces spectres dont l'essaim
Tourbillonne, ameuté derrière son oreille,

Ce rêveur que l'horreur de son logis réveille,
Voilà bien ton emblème, Âme aux songes obscurs,
Que le Réel étouffe entre ses quatre murs !

Charles BAUDELAIRE
Sur Le Tasse en prison *d'Eugène Delacroix*

Vendredi 12 h 30. Cellule 223. C'est là que j'habite, c'est là que je t'attends.
Au moment de décrire un peu pour les yeux de ton cœur, j'y renonce. Décrit-on une cellule, cet étau de béton de fer et de contraintes – aux dents féroces qui mordent l'âme et le corps, et où seulement ce qui vient de l'extérieur a le pouvoir de faire de la lumière ?
Ça ne voudrait rien dire – que je dise le lit solitaire, le lavabo, le placard, l'exiguïté, le mur-souffrance gris-misère ou jaune pisseux sur lequel j'ai collé ma joie à moi, mes rêves, mes peintures, mes beautés, surtout celles qui me viennent de toi, les romans de couleurs et d'espoirs vus à travers le prisme de ton âme et de ton corps... que j'attends. D'ailleurs, là ne résident pas essentiellement le sens et le but de ma description. Même ceux qui ont visité les prisons de long en large n'ont rien compris à la vie carcérale, à ce qui s'inscrit dans le psychisme d'un détenu et jusqu'en chacune de ses fibres. Parcourir un couloir propre, un atelier fonctionnel, un terrain de sport, des cuisines rutilantes, des cellules acceptables, ça ne donne aucune idée de ce qu'est une longue peine de prison. Pour moi tout cela n'a pas de signification propre si je n'y ajoute l'invécu d'hier et le vécu d'aujourd'hui. Ça ne voudrait rien dire sans tout le reste : les longues saisons d'inamour le soleil qui me manquait de toi avant de te connaître, la solitude pourtant déjà habitée de toi malgré l'enfer des autres et, pire, celui du système, fait pour briser, contre lequel il faut lutter de toutes ses forces pour rester un homme debout.

Micha

Je traîne. Je traîne mes pieds, mon corps, et aussi toutes ces chaînes invisibles pour ceux qui ne connaissent pas les prisons, ces maisons hantées. Oui, quelque part, nous sommes un peu comme des fantômes qui attendent que la vie veuille bien les reprendre, attendre encore et toujours de pouvoir s'asseoir à nouveau dans le train de l'existence, mais cette fois, dans le sens de la marche. Parce que ici, coincée dans cette attente qui a un goût interminable, tu vois la vie qui passe et qui t'échappe à vitesse « grand V ». La vie du DEHORS, la vie, quoi, même si elle est toujours teintée de galère, c'est tant de choses... Avant que tu ne les voies arriver, elles sont déjà parties... On vit dans un manque perpétuel. Si l'enfer existe, il doit ressembler à cela.

Je me suis approchée de la fenêtre, passage obligé pour aller au lavabo, et j'ai regardé dehors. « Dehors », c'est une petite cour intérieure, un mur, des grillages... Un corbeau s'occupe du toilettage de ses ailes sous une pluie fine qui n'a pas cessé pendant tout l'après-midi. Il fait froid, et les nuages, gris, bas, rendent à tout un ton obscur de plus.

Il y a de la lumière à quelques fenêtres. La matonne vient de passer devant la porte, elle fait sa ronde, contrôle, regarde par le « judas » clic-clac.

La radio continue de déverser des notes de musique que j'écoute à peine. Le vent s'est levé.

Juste au-dessus de ma tête, les barbelés, infestés de petites laines bien aiguisées qui me rappellent que je passerais un mauvais quart d'heure si jamais l'idée me venait de les traverser...

Le ciel, entrecoupé par les câbles de sécurité « anti hélicoptères », change de couleur. Le corbeau me regarde. Enfin, on dirait. Je bâille ; je n'ai pas encore digéré la mangeaille qu'on nous donne en guise de « repas », et pourtant, ça va faire trois heures.

C'est un après-midi idéal pour se promener au bord des falaises, le vent sur le visage, et le goût (salé) de la mer sur les lèvres. Et voilà, je rêvais de nouveau, et comme s'ils pouvaient lire dans mes pensées, les réflecteurs qui éclairent le mur qui entoure la prison se sont allumés. Bientôt il fera nuit. Des mois, déjà, que je ne vois pas les étoiles. La lumière des réflecteurs est trop puissante. Peut-être que... si je m'allonge par terre, sur les dalles, et que je colle mon visage contre le mur de cette cellule, juste sous la fenêtre, je pourrai chercher un angle où la lumière sera reflétée par la vitre, et... qui sait... ! je pourrai peut-être voir quelques-uns de ces petits points brillants qui nous font tant rêver...

Mais j'avais oublié le barbelé, au-dessus de la fenêtre... Ce qui brille, ce ne sont pas les étoiles. Ce sont les lames.

Idora

À la Santé

I

Avant d'entrer dans ma cellule
Il a fallu me mettre nu
Et quelle voix sinistre ulule
Guillaume qu'es-tu devenu

Le Lazare entrant dans la tombe
Au lieu d'en sortir comme il fit
Adieu adieu chantante ronde
Ô mes années ô jeunes filles

II

Non je ne me sens plus là
Moi-même
Je suis le quinze de la
Onzième

Le soleil filtre à travers
Les vitres
Ses rayons font sur mes vers
Les pitres

Et dansent sur le papier
J'écoute
Quelqu'un qui frappe du pied
La voûte

III

Dans une fosse comme un ours
Chaque matin je me promène
Tournons tournons tournons toujours
Le ciel est bleu comme une chaîne
Dans une fosse comme un ours
Chaque matin je me promène

Dans la cellule d'à côté
On y fait couler la fontaine
Avec les clefs qu'il fait tinter
Que le geôlier aille et revienne
Dans la cellule d'à côté
On y fait couler la fontaine

IV

Que je m'ennuie entre ces murs tout nus
Et peints de couleurs pâles
Une mouche sur le papier à pas menus
Parcourt mes lignes inégales

Que deviendrai-je ô Dieu qui connais ma douleur
Toi qui me l'as donnée
Prends en pitié mes yeux sans larmes ma pâleur
Le bruit de ma chaise enchaînée

En tous ces pauvres cœurs battant dans la prison
L'Amour qui m'accompagne
Prends en pitié surtout ma débile raison
Et ce désespoir qui la gagne

V

Que lentement passent les heures
Comme passe un enterrement

Tu pleureras l'heure où tu pleures
Qui passera trop vitement
Comme passent toutes les heures

VI

J'écoute les bruits de la ville
Et prisonnier sans horizon
Je ne vois rien qu'un ciel hostile
Et les murs nus de ma prison

Le jour s'en va voici que brûle
Une lampe dans la prison
Nous sommes seuls dans ma cellule
Belle clarté Chère raison

Guillaume APOLLINAIRE,
la Santé, septembre 1911

C'est long, je voudrais que cela finisse maintenant, tout de suite, histoire de dire : voilà, c'est fait on n'en parle plus, la punition est donnée. Ce n'est pas possible. Ou alors, il faudrait que je m'arrête de respirer ou tout simplement de vivre. C'est un sentiment d'impuissance qui m'envahit, celui d'être le jouet d'un monde qui me craint. Dominé à la naissance je devrais le rester. C'est décidé, ce ne peut être autrement. À courber l'échine il y a un point de rupture, comme toute matière qu'on tord, et le supporter à en assassiner son amour-propre. Faudra qu'on m'explique.

Joël

Je mange debout devant ma glace, pour voir quelqu'un, pour ne pas manger seule.

Évelyne

Les sons ont une importance capitale en prison, qui est due à l'inutilité de la vue. En effet, les murs, les portes et les grillages nous enlèvent le vrai sens de la vision, et on s'habitue, comme les animaux, à faire développer l'ouïe, pour savoir ce qui se passe autour.

Robert

Il y a du mouvement au quartier. Plein de bruits métalliques, des pas, des halètements, des chuchotements et d'autres sons étouffés perturbent ma compréhension, c'est encore le singe qui se prend pour un humain – ou peut-être le contraire. Je ne sais plus grand-chose de mon espèce, que les émotions instinctives qui permettent la survie.

Joël

Derrière les barreaux, il n'y a qu'une étroite cour entre des murs très hauts, très hostiles. Mais comme au fond d'un puits, un peu du ciel radieux se mire dans l'égout des tinettes.

Paul

La seule parole qui prévaut en prison est le rêve. Les vies s'inventent, recréant de toutes pièces des fantasmes et des illusions perdues. Quelques-uns sombrent dans la mythomanie en renouvelant l'histoire de leur existence à chaque personne rencontrée. Les mots s'égarent comme pour mieux appréhender ce qui fait défaut, l'espace. Nous ne sommes pas égaux face à la prison... mais quel temps auriez-vous à perdre de penser cela ?

Joël

Mais ma pauvre tête est si vide, si retentissante encore, pour ainsi dire, de tous les chagrins et les malheurs de ces derniers temps, que je n'ai pu encore acquérir cette espèce de somnolence qui me semble être l'ultimum solatium du prisonnier. Aussi, ai-je besoin qu'on se souvienne un peu de moi, de l'autre côté du mur et qu'on me le témoigne.

Paul VERLAINE, 1873

La prison,
C'est comme un long sommeil dont on voudrait sortir
Un coma capricieux fait de noir, d'éclaircies
La prison c'est le vide, le néant, l'amnésie
C'est la nuit qui se traîne et ne veut pas finir.

Annie

C'est comme dans les carnets de feuilles à cigarettes : un jour tire l'autre. C'est le matin que je barre mon calendrier, dès que levée, je sais bien que le jour est déjà terminé, puisque je connais le programme et que le rideau reste baissé. Enfin, de papier en papier, me voici prête à devenir madame.

Albertine SARRAZIN,
Fresnes, 1959

La parole, ici c'est : « surveillant », « la télé », « la douche ».

A.M.B, Rouen

C'est incroyable comme le temps passe vite quand on ne sert à rien, tout paradoxal que cela paraisse. En effet, le temps n'existe qu'en fonction de la mémoire. Une mémoire blanche transforme toute action en petit trou noir qui absorbe l'essence même de la vie. C'est ça la prison.

Hervé

Il y a des mois que j'écoute
Les nuits et les minuits tomber
Et les camions dérober
La grande vitesse à la route
Et grogner l'heureuse dormeuse
Et manger la prison les vers
Printemps étés automnes hivers
Pour moi n'ont aucune berceuse
Car je suis inutile et belle
En ce lit où l'on n'est plus qu'un
Lasse de ma peau sans parfum
Que pâlit cette ombre cruelle
La nuit crisse et froisse les choses
Par le carreau que j'ai cassé
Où s'engouffrait l'air du passé
Tourbillonnant en mille poses
C'est le drap frais le dessin mièvre
Léchant aux murs le reposoir
C'est la voix maternelle un soir
Où l'on criait parmi la fièvre
Le grand jeu d'amant et maîtresse
Fut bien pire que celui-là
C'est lui pourtant qui reste là
Car je suis nue et sans caresse
Mais je veux dormir ceci annule
Les précédents Ah m'évader
Dans les pavots ne plus compter
Les pas de cellule en cellule.

Albertine SARRAZIN,
Fresnes

Fermeture

L'homme est un animal qui s'habitue à tout. Cette définition trouve une vérification étonnante dans la vie de prison. Les détails les plus pénibles, dont l'idée seule eût paru intolérable dans la vie normale, deviennent rapidement naturels. On ne les aperçoit plus. C'est au contraire leur absence qui maintenant surprendrait. On arrive à comprendre les récits les plus invraisemblables de l'histoire, comment certains captifs ont vécu des années rivés à une chaîne, au fond d'un souterrain. C'est la monotonie de cette existence absurde, la répétition des mêmes gestes mécaniques, qui vous endort peu à peu et vous anesthésie littéralement ; au point que tout ce qui rompt brusquement vos nouvelles habitudes vous jette dans le trouble, remet tout en cause. Par exemple, après la venue d'un visiteur, une longue conversation sur les choses du dehors, lorsque, la porte refermée, on se retrouve seul, il faut faire un effort de réadaptation, réapprendre son sort. C'est quelquefois pénible. Alors d'où vient ma révolte nocturne, après onze mois d'épreuve ? De ce que le sommeil a libéré l'esprit, de ce que j'ai rêvé. Car le corps seul s'habitue, se soumet. L'esprit, jamais. Ou, du moins, il lui faut beaucoup plus de temps, et c'est une difficile victoire à remporter. Je crains de n'y être pas encore parvenu.

Jean ZAY,
Souvenirs et solitude

Mardi

Mardi jour de Mars : Dieu de la guerre, temps de la colère, de la violence et de la haine. Grilles, serrures, portes, couloirs, cellules, télé, douche, mitard, maton, lame, shit, chiotte, parloir, fouille : les mots sont courts en prison ; les mots sont des cris, des mots que vous aboyez en cherchant à couvrir les bruits ambiants, les autres cris, les coups frappés dans les portes, les plaintes, les hurlements, les insultes, comme pour conjurer le silence intérieur qui vous mine. Les mots sont des cris en prison, gravés, tagués, torchés sur les murs écaillés, dans la crasse des douches et des tinettes, dans la fiente des pigeons, dans les détritus des cours de promenade, dans la tristesse des couloirs et des cellules, sur le béton des mitards, griffés, tatoués, sur les bras, sur les corps et dans l'horizon clos des cerveaux.

Étouffement ; enfermement. Cellule de 15 m^2 pour 4 personnes, soit moins de 4 m^2 par détenu. 2 mètres sur 2 mètres d'espace vital « individuel ». 15 m^2 pour 4 personnes dont il faut retrancher la place des 4 couchettes superposées, celle de la tinette et du lavabo, celle de la table, des tabourets et des étagères...

Dans vos veines, la marée semble monter et bouillir à gros bouillon... L'enfer est en vous. L'enfer est en l'autre ; il est dans sa promiscuité, dans son regard, dans sa sueur, dans sa respiration, dans les bruits de son corps qui vous deviennent insupportables. Il est dans sa détresse quotidienne, dans sa frustration, dans son anxiété. Il est dans la bouillie pâteuse des cachets qui dessèchent votre bouche et dont vous savez qu'ils n'arriveront plus à vous apporter le vrai sommeil, l'oubli, cette infinie légèreté d'âme qui a déserté votre corps depuis si longtemps...

Vous auriez pu penser que la prison serait une parenthèse, une île, une retraite, un abri : une sorte de purgatoire provisoire où l'homme pourrait retrouver sa chance de rentrer dans le chemin commun, en apprenant à respecter la morale des autres, les règles et les lois de la société. En arrivant à mieux distinguer ses droits et ses devoirs. En faisant l'apprentissage du respect de l'autre. En redécouvrant les vraies valeurs. En retrouvant le temps de la conscience et le moment du repentir. Vous auriez pu espérer un havre de légalité, de fraternité, qui vous aurait aidé à reconquérir la troisième valeur de cette République qui vous a justement condamné...

Prison, zone de non-droit. Jungle en vase clos. Cloaque de la misère humaine. Boîte de Pandore qui a tant de mal à maintenir en cage le revers de notre société, son côté pile, son côté glauque, son côté ombre... Prison. Impasse totale. Horizon bouché. Magma. Lave sirupeuse de l'angoisse et du non-sens.

L'enfer est tapi dans vos entrailles... L'enfer est tapi dans votre crâne ; il vous inspire des mots terribles, des mots qui ouvrent en détruisant, les mots d'une liberté, d'une force qui se condamnerait d'avance à une nouvelle autodestruction : enfoncer, défoncer, éventrer, percer, éclater, briser, casser, couper, fendre, déchirer, trancher, vider... Ouvrir, délivrer l'autre enfin du fardeau de sa vie comme si vous souhaitiez inconsciemment qu'il vous rende la pareille, pour que son énergie vitale s'évade enfin, pour qu'elle se joue des portes, des grilles et des barreaux, des judas, des clôtures, des miradors et des enceintes...

Violence imposée. Violence qui voudrait imploser puisqu'elle ne peut pas exploser...

Ouverture

Si nous jetons les yeux en général sur la situation des prisons du royaume, [...] l'état d'abjection, d'avilissement dans lequel l'avidité subalterne s'est plu à réduire le détenu afin d'énerver ses forces et de le dévaliser tout à son aise, est la première de toutes les raisons qui s'opposeraient à son amendement... On cherche à le convaincre à chaque instant du jour qu'il a perdu sans retour l'estime publique, et que la pitié seule a pu faire naître l'idée de lui laisser la vie. On lui suggère surtout la pensée qu'il n'est plus fait pour inspirer aucune confiance dans le monde, et on tient une conduite propre à lui persuader, puisque chacune de ses réclamations est ordinairement suivie, malgré la justice, d'une nouvelle mesure qui rend son sort plus déplorable. On le décourage donc entièrement et on ferme son cœur à l'accès du repentir. Si ce sentiment venait en effet s'y présenter, il serait bientôt repoussé par l'idée désolante que la société ne lui en tiendra plus aucun compte ; et certes quand il ne reste à l'homme ordinaire d'autres perspectives que celle de sa propre satisfaction à côté du mépris général, il n'a plus de forces pour persévérer dans de bonnes résolutions.

Jules-Jean-Antoine de BÉSAUCÈLE,
Embrun, 1820

On siffle. Chacune dans sa cellule. Avec la petite Jeannine qui est arrivée hier, on est quatre désormais à se partager la taule. C'est la grande division cellulaire. Plus le temps passe et plus nous sommes nombreuses à coloniser le même espace. Miracle de la biologie pénitentiaire. Partouze et parthénogenèse. On dort ensemble, on se tasse les unes contre les autres et on finit par se reproduire. Un mètre cube de tissu cellulaire qui se détricote d'un sommier pour tresser un hamac supplémentaire à accrocher au-dessus de la carrée. Et avec la chaleur animale qui monte, aux premières sueurs, la champignonnière souterraine qui gonfle et jette sa poignée de chair blanche entre les murs étroits. Mitose et mycose. Chaque jour, des pleins paniers à salades d'amanites phalloïdes arrachées du bitume, des brassées de champignons noirs dispersés dans les fourgons. Femmes champignons. Sale engeance. Tricoteuses de bulles d'ovaires, avorteuses du dernier mois, empoisonneuses, voleuses de roulottes, roulures et salopes. Fleurs de pavé, fleurs de pavot. Belles qui se poudrent le nez. Qui se trouent les veines. Qui ont tué père, mère, amants et maris. Assassiné leurs banquiers à coups de chéquiers. Femelles perdues ayant donné la vie et l'ayant reprise. Toutes mélangées. Les vénéneuses et les vénales, les préventives qu'on n'avait pas assez prévenues, les prévisibles et les revenues, les récidives, les serial resquilleurs, les mères maquerelles, voleuses de poules, manucures à mains armées, mes camarades de cellule. Les damnées de la terre qui ont pris racine dans mon pot et se nourrissent de la même eau sale qui suinte contre moi. La petite Jeannine. Qui cache ses couches. Elle saigne encore. Mais ça ne durera pas. Elle ne sait pas qu'ici, les corps bouleversés ont tous renoncé aux alchimies secrètes et que le métronome va s'arrêter. La vagin va sécher.

En prison, il n'y a plus de règles...

Angélique

Je ne sais pas si les lois sont justes
Ou si les lois sont iniques
Mais ce que sait tout captif du fond de sa geôle
C'est que le mur en est solide
Et que chaque jour est long comme une année
Une année dont les jours sont si longs
[...]
Je sais aussi – et comme il serait sage
De l'apprendre à la terre entière
Que ces prisons que bâtissent les hommes
La honte les bâtit de pierres
Et de barreaux, de peur que le Christ
Voie comme l'homme estropie son frère

De ces barreaux, ils ternissent la lune
Et masquent le soleil glorieux
Ils ont raison de cacher leur enfer
Car ce qu'ils font ni fils de Dieu
Ni fils de l'homme ne devraient le voir
Tant ce qu'ils y font est odieux...

Oscar WILDE,
La Ballade de la geôle de Reading

Il y a ici une autre fille. Quand je la vois, j'ai l'impression de me voir, moi. Ça m'énerve. Je vois en elle la plus mauvaise partie de moi-même : la violence. Quel est le point névralgique dans ma relation avec elle ? La violence, la médisance, la diffamation. Si ça continue, ça va mal finir. J'ai bien envie de lui mettre mon poing sur la gueule. Où est ma part de responsabilité ? Même si elle ne dit rien, j'arriverai bien à lui mettre mon poing sur la gueule. À force de ruminer. En même temps, je n'ai pas envie d'aller au mitard. Je me retiens. Je ne me suis jamais autant retenue qu'ici. Ça me ferait plaisir d'avoir le dernier mot. Je ne suis pas faible de caractère. Pas un jour où je ne la fixe pas du regard, depuis son jugement. [...] J'aime avoir le dernier mot. Il représente pour moi une victoire après un défi. [...] Je me sens intouchable pour dire le dernier mot. Les mots qui blessent. Violence verbale, de langage. J'essaie de faire en sorte d'être intouchable.

Katheline

Il m'est arrivé, au cours de ma longue détention, d'être abandonné de tous. Alors je me suis débrouillé ! En rackettant les autres détenus, en me battant pour leur prendre ce qu'ils avaient. Paradoxalement, cette attitude me faisait respecter de tout le monde. Je gravissais de force les échelons du banditisme. Car la meilleure école du banditisme, c'est la prison. Lorsque tu n'as pas d'argent en prison, tu es malheureux car tu es sale, tu as faim, tu es rejeté par la population pénale. Même les matons, lorsque tu es pauvre en prison, te négligent. Si tu as des sous, tu frappes à la porte pour obtenir quelque chose et tu l'as. Si tu es un non-assisté, la porte se referme sur ton oubli. La solution ? T'affirmer ! Par la force. La bagarre, le mitard, les coups de couteau ou de fourchette. Un détenu qui veut se faire respecter a toujours un couteau sur lui, ne serait-ce qu'en limant le manche d'une fourchette sur une pierre en cour. On peut toujours trouver deux morceaux de bois sur un vieux placard, qu'on assemble avec un lacet pour faire le manche solide d'une arme redoutable. J'ai vu des gens blessés à mort avec ces armes de fortune. Elles disparaissent comme par enchantement après avoir servi, à la douche, en revenant du parloir ou en promenade. Car les matons ne peuvent avoir les yeux partout. Certains s'en foutent complètement, il faut vite les repérer, pour agir ou être sur tes gardes si tu crains. Cela te mènera à coup sûr au mitard. Ce lieu maudit où tu t'endurcis encore plus et où tu es seul avec ta haine. Pour compagnons : deux livres par jour, un bloc de ciment pour t'asseoir, de l'eau et du pain rationnés. Parfois les amis arrivent à te faire parvenir quelques cigarettes ou des morceaux de sucre par des combines terriblement sophistiquées. Un garçon qui prendra de tels risques deviendra vraiment ton ami, à la place de celui qui pouvait t'envoyer un petit mandat, si tu suis le film... Les gens à racketter sont vite ciblés. Il y a les pointeurs, les balances, les faibles qui n'ont rien à faire en prison, les flics (bien protégés par PAP). Les bourgeois escrocs sont aussi de bonnes cibles. Mais en principe ces derniers ont un QI élevé, ils ne se font pas racketter, ils demandent une protection, c'est plus du racket, c'est de la philo. Peu importe. Le danger avec ce genre de types, c'est qu'ils sont rancuniers, et lorsqu'ils quittent la MA ils te balancent à la direction. C'est un mauvais calcul, car tu les retrouves toujours, ou, si tu as une longue peine, tu les signales aux amis dehors, qui eux peuvent ponctionner tranquillement.

Michel PAPET,
Deux frères © Flammarion, 1999

Le pire de tout, c'est les cabinets. Quand je veux former une image dense et irréprochable du bonheur, c'est à des cabinets que je pense. À des cabinets bien enfermés de murs blancs, dallés de clair, verrouillés. Je suis assis dignement sur la couronne de bois verni, dans ma dignité d'homme libre. Je suis assis au centre d'un épais silence savoureux. Un silence blanc, luisant, crémeux. Il y a contre le mur une boîte de faïence d'où pend un rectangle de papier hygiénique. Il y a au-dessus de ma tête une chaînette munie d'une poignée de faïence. Je suis assis. J'ai tout mon temps et toute ma liberté. Je puis parler seul, lire des vers. Je puis penser à l'immortalité de l'âme, si ça me chante... Les cabinets, ici, c'est une baraque badigeonnée d'un brun ignoble, avec une porte qui ne ferme pas et des vitres cassées. Seize sièges là-dedans, huit d'un côté, huit de l'autre. Et des traces de merde sèche sur les sièges. On s'installe côte à côte, dos à dos. Seize types sur leurs seize sièges, alignés, identiques, pareillement attentifs au travail de leurs boyaux. Chacun a une feuille de papier à la main, comme une demoiselle qui s'apprête à chanter dans un salon. Ils s'efforcent ensemble, mornes, soucieux, confondant leurs bruits et leurs odeurs. Et d'autres, debout contre la paroi goudronnée, pissent. Un petit ruisseau d'urine mousseuse coule à leurs pieds. Et il y a encore ceux qui attendent leur tour en causant de leur famille ou de leur

constipation. Fraternité des barbelés. Fraternité dans la puanteur et la flatulence. Tout le monde ensemble dans un gargouillis de paroles, d'urine et de tripes. De temps en temps quelqu'un se soulève un peu, et, retenant d'une main son pantalon, de l'autre, soigneusement, se torche. Au suivant. On se bouscule autour du trou. On proteste : Grouillez-vous un peu, bon dieu.
J'aimerais autant parler d'autre chose. De choses claires. Parler des claires jeunes filles, ou d'un regard de vieille dame, ou d'un peuplier au bord de la route. Parler d'un poème, d'une écharpe, d'un tableau de Matisse. Mais tout cela n'existe plus. C'est fini. Il n'y a plus de couleurs, de feuillages ni de regards. Tout a été englouti dans une catastrophe informe. Tout est foutu. Il n'y a plus, au milieu d'un univers détruit, que cette baraque où l'on se soulage en tas. Tout est vide et mort. Et au milieu du vide et de la mort, il ne reste plus que cet asile de la défécation en commun. [...]
Quand même, les cabinets, cela résume mieux notre condition. Mieux que les punaises. C'est plus complet, plus significatif. Avec même un air loufoque, une qualité d'humour sordide. Pour prendre pleinement conscience de ce qui nous est arrivé, rien de tel que de s'accroupir fesse à fesse dans les latrines. Voilà ce qu'ils ont fait de nous. Et on s'imaginait qu'on avait une âme, ou quelque chose d'approchant. On en était fier. Ça nous permettait de regarder de haut les singes et les laitues. On n'a pas d'âme. On n'a que des tripes. On s'emplit tant bien que mal, et puis on va se vider. C'est toute notre existence. On parlait de sa dignité. On se figurait qu'on était à part, qu'on était soi. Mais maintenant on est les autres. Des êtres sans frontières, pareils, mêlés, dans l'odeur de leurs déjections. Englués dans une fermentante marmelade d'hommes. Remués, brassés, perdus et fondus là-dedans. Égalité et fraternité de la merde. On avait ses problèmes. On était fier de ses problèmes, de ses angoisses. On n'est plus fier de rien, maintenant. Et il n'y a plus qu'un problème qui est de manger, et ensuite de trouver une place où poser ses fesses sur ces planches maculées. S'emplir, se vider. Et toujours ensemble, en public, en commun. Dans l'indistinction de la merde. On ne s'appartient pas. On appartient à ce monstre collectif et machinal qui toute la journée se reforme autour de la fosse d'aisances.
[...] On publiera de belles choses sur l'énergie spirituelle des

captifs. Et on ne dira rien des cabinets. C'est pourtant ça l'important. Cette fosse à merde et ce méli-mélo de larves. Toute l'abjection de la captivité est là, et l'Histoire, et le destin. En voilà un bouquin que j'aurais aimé écrire. Bien simplement, bien honnêtement. Un bouquin désolant, qui aurait l'odeur des cabinets et il faudrait que chacun la sentît et y reconnût l'odeur insoutenable de sa vie, l'odeur de son époque. Et que toute l'époque lui apparût comme une mélasse d'êtres sans pensée, sans squelette, grouillant dans les cabinets, comme nous, s'emplissant et se vidant avec gravité, sans fin et sans but. Et que le sens, le non-sens de l'époque fût là-dedans, visible, lisible, incontestable.

Georges HYVERNAUD,
La Peau et les Os

Les 9/10e des armes que se font les détenus pour « piquer » le voisin, c'est avec les piques fabriquées à partir des ventilateurs mobiles. Le moteur sert même parfois d'assommoir. J'en connais un qui a perdu l'usage d'une oreille à cause de cela. Ce qui me révolte le plus, c'est cet aspect intérieur de la prison non surveillée la nuit. Laisser-aller total. Seul le périmètre extérieur est surveillé.

X., Clairvaux

Et la prison c'est ça... absence, éloignement, impuissance, manque, détresse. Un tunnel qui vous écarte de la vie dehors, comme si tout à coup on vous voilait les yeux, on vous attachait les mains, les pieds, et on vous enlevait la voix comme on éteint une radio. Qu'est-ce qu'on devient, à ce moment-là ?... Qu'est-ce qu'on devient quand on vous enlève le vent, les arbres, le rire des enfants... Quand on vous lâche dans un autre monde, hostile, froid, où le regard de ceux que vous aimez n'est permis que quelques minutes par mois ; ces minutes pendant lesquelles on étouffe un peu, alors que l'on voudrait respirer si fort cette présence.. pour qu'elle nous accompagne encore quand le temps se sera écoulé, impitoyable, et qu'on vous voile à nouveau les yeux. C'est comme un puits du fond duquel vous regardez vers

le haut, vers le ciel, vers la lumière, et là, dans l'ombre... vous attendez. Attendre... attendre... encore et encore, attendre... Une visite... une lettre...
Le soir, quand je pose les yeux sur mes photos, j'éclate en sanglots, je reste sans respiration et dans ce brouillard formé par mes larmes, dans cette confusion, j'entends des voix que je reconnais très bien « maman, mamie, courage, on est là, on pense à toi... », et avec ces mots qui me donnent tant de force, je m'endors quelques heures ; puis, le cauchemar revient.
Sept ans déjà... Sept ans de séparation et chaque jour est une nouvelle déchirure. J'ai si peu de parloirs, le dernier il y a si longtemps... Ma fille s'est jetée dans mes bras en sanglots, elle m'a dit maman je vais mettre mon troisième enfant au monde et tu n'es pas là. À côté d'elle se tenait ma petite-fille, je me suis penchée pour l'embrasser, mon petit bout de chou. Elle m'a regardée et m'a dit « bonjour madame... ». Bonjour madame. Mon sang de mamie est devenu de l'encre. Bonjour madame... Bonjour madame...

Idora

Rebelle
Des muscles noirs
Au bout de la corde
Rebelle
Les belles saignent
Toutes tremblantes
Sur les barbelés

Rebelle
Un grand désert
Écoute-le hurler

Rebelle
C'est un petit matin
Il a la gorge tranchée

Gérard, Fresnes

Shorty est revenu du mitard mais dans un état lamentable. Je ne sais pas ce qu'on lui a fait mais je crois que ce sont les fameuses piqûres comme on a vu à Fresnes. C'étaient ces piqûres qui ont rendu Rasta fou avant le procès. Shorty est si éloigné de la réalité qu'il ne sait plus où il se trouve. Il était comme ça pendant trois jours, le troisième jour il a cassé tout dans sa cellule y compris le robinet qui a inondé tout l'étage. On est venu le chercher pour le remettre au mitard où on le gardera pendant plusieurs jours encore, ou plusieurs semaines ou même plusieurs mois, pour savoir s'il simule la maladie avant de l'envoyer à Château-Thierry comme d'habitude. Même avec tout ce que j'ai vu voir Shorty sombrer comme cela m'a beaucoup affecté. Il est arrivé à l'âge de 17 ans, a survécu à deux tentatives de suicide, a cessé de fumer (et la drogue et les cigarettes), a commencé à travailler et tout à coup il a perdu la tête. Mais je l'ai vu venir. Tout a changé pour lui le jour où on a annoncé la grâce et en a exclu toutes sortes de personnes. Shorty, même à l'âge de 24 ans, avait toujours son rêve de libération avec la grâce, qui a fini par être un mirage. Je lui répétais d'oublier la grâce, de se souvenir que nous sommes toujours en France, que même s'il y a une grâce ce n'est pas pour toi ou pour moi. Malheureusement j'avais raison. Le jour de la grâce, Shorty était dans un état dépressif qui durait, jusqu'au jour où le surveillant lui a dit un mot de travers (vous êtes trop paresseux), un jour où tout allait déjà mal pour lui. Maintenant il est complètement fou. Même s'il va un peu mieux un jour, il finira comme tous les autres... Patrick, Rasta, Guy, le Polynésien, Macko et beaucoup d'autres que j'ai vus sombrer après les fameuses piqûres de prison. Je voudrais bien savoir un jour ce qu'elles contiennent. Pour moi, regarder les choses qui se passent dans ce système, c'est plus dur même à supporter que ma propre affaire. Je regarde Shorty tout abruti et je sais que ce qui lui est arrivé peut arriver à n'importe qui ici n'importe quand, n'importe quel jour.

On a amené de nouveaux surveillants, je crois que c'est à cause du plus grand nombre de prisonniers qui sont maintenant à Clairvaux et tous les problèmes qui les accompagnent.

Vous avez vu l'avis concernant la drogue entrant dans la prison qu'on a affiché dans le parloir. Il est fait pour faire peur aux visiteurs. Cela ne va pas marcher. C'est dans l'intérêt des surveillants et de tous les autres d'ailleurs que les détenus reçoivent régulièrement leur approvisionnement de hasch. On aurait beaucoup de problèmes ici, si les gars ne pouvaient pas se défoncer. L'administration ne veut pas de mutinerie. Je crois personnellement que c'est l'administration qui fournit le hasch aux détenus par leur indicateur dont la fenêtre est en face du bureau du chef et qu'on peut voir troquer des cartes téléphoniques pour des « barrets », comme on dit. Si ce que fait cet homme est contraire à leur politique, on l'aurait arrêté il y a longtemps. C'est comme dans le monde libre où l'indicateur de police n'est jamais arrêté.

X., Clairvaux

Puisque ne peux puisque ne veux puisque ne dois
Supprimer tout de bon le tyran mon semblable
À moi rivé tant que seront fortes les lois
Laissez-moi échapper la dépouille innommable

Piétinez ce corps dont vous êtes les rois
Puisqu'il vous fut livré mais laissez-moi capable
D'opposer cœur de haine et visage de bois
Je me confine en mes poisons au goût aimable

La nuit tourné au mur j'ignore vos œillades
En des rêves plus fous que vos rêves malades
Et j'ai tout le passé pour enchanter demain

Ô vous que je maudis comme Dieu que j'envie
Puissé-je voir ceux qui ont faussé mon chemin
Dans l'ombre vaste et dure où vient mourir la vie.

Albertine SARRAZIN,
Fresnes, 1954

Lundi 27 septembre 1999 : Nous étions logés chez Mlle M., à Montpellier. Le matin, je lui ai dérobé un chèque et sa pièce d'identité pour acheter des vêtements de gosses chez Natalys. Dans l'après-midi, Mlle M. s'est rendu compte de la disparition d'un de ses chèques et a décidé de porter plainte. Elle s'est rendue chez Natalys pour savoir si c'était bien un de ses chèques qui avait servi à acheter les vêtements, car elle avait un doute sur moi. Ses doutes se sont confirmés, et, le soir, la police venait m'arrêter car j'ai tout

de suite avoué les faits. Arrivé à l'hôtel de police, j'ai été placé en garde à vue ; de ce fait, j'ai passé la nuit dans une cellule du commissariat.
Mercredi 29 septembre : Le matin, je signe la fin de ma garde à vue, et je suis emmené au palais de justice pour y être jugé. Un avocat m'a été commis d'office pour ma défense. En fin d'après-midi, le jugement tombe, conséquence : deux mois de prison ferme et quatre mois de prison avec sursis. La nouvelle fut un choc terrible pour moi car je ne m'y attendais pas. Une fois le jugement établi, je suis emmené directement à la maison d'arrêt. Ils m'ont mis en cellule avec un autre détenu.
Jeudi 30 septembre : Le matin de bonne heure, j'ai changé de cellule, pour être avec un autre détenu, M. B. Dans l'après-midi, le détenu a commencé à me poser des questions bizarres du style : Est-ce que j'aime les hommes ? Est-ce que je me masturbe ?
Mais rien ne s'est produit tout de suite.
Vers 1 heure du matin, M. B. s'est levé. Moi je commençais à m'endormir quand soudain il a mis son genou sur mon dos pour que je ne puisse pas bouger. Il m'a aussitôt bâillonné, puis a pris une de mes mains qu'il a mise dans mon dos et s'est allongé dessus pour que je ne puisse pas bouger. Mais, avec l'autre main, j'ai réussi à me débâillonner. Mais il a tout de suite remis le bâillon et m'a saisi les deux mains pour me les attacher. Je ne pouvais pas bouger car il avait tout son corps sur moi, et cela m'écrasait et m'empêchait de me débattre car il était plus corpulent que moi. Une fois attaché et bâillonné, il a baissé son caleçon et m'a enduit l'anus avec de la crème Nivea pour dilater l'anus. Puis il m'a pénétré pendant environ cinq minutes. Il s'est retiré pour éjaculer sur mon dos.
Quelques minutes plus tard, il m'a détaché et a jeté la bande médicale qui a servi à m'attacher par la fenêtre. Le temps qu'il jette la bande, j'ai pu aller à la porte pour crier « au viol », mais il s'est jeté sur moi, m'a cramponné et m'a balancé sur mon lit. Il m'a fait des menaces de mort si je disais ce qui s'était passé. On s'est donc couchés tous les deux et, quand il a commencé à dormir, je suis allé à l'interphone prétextant que j'avais mal au ventre. Le gardien que j'ai eu m'a répondu que je verrais une infirmière le lendemain matin. J'ai re-sonné une deuxième fois, toujours pour le même prétexte, mais le gardien m'a fait la même réponse,

il fallait que j'attende le lendemain matin. J'ai sonné une troisième fois, mais le détenu m'a entendu et a posé son oreille sur l'interphone, il m'a écarté et a dit au gardien que j'étais fou, que je l'empêchais de dormir. Le gardien a été clair et m'a dit qu'il fallait que je dorme et que j'arrête d'embêter mon voisin, et que si j'essayais de rappeler, il ne répondrait pas. La nuit s'est passée sans autre incident.
Vendredi 1er octobre : Le matin, un gardien est venu nous changer tous les deux de cellule suite à l'incident de la nuit. M. B. était furieux, il criait au gardien « Où l'emmenez-vous ? Dans quelle cellule ? » Puis il m'a de nouveau fait des menaces en disant qu'on se reverrait.
Plus tard, un autre gardien m'a demandé si je m'étais lavé. Je lui ai répondu que non. Il m'a demandé pourquoi. Je lui ai dit qu'il fallait que je lui parle seul à seul. Je lui ai expliqué ce qui s'était passé, et il a tout de suite contacté le directeur de la maison d'arrêt ainsi que les gradés. Dans la matinée, j'ai été examiné à l'infirmerie, et mes draps furent aussi examinés pour s'assurer que je ne mentais pas. Le médecin m'a donné des médicaments pour me calmer, et je fus emmené au commissariat de police pour y déposer plainte. Quand je suis rentré à la maison d'arrêt, je fus mis dans une cellule individuelle.
Samedi 2 octobre : Le juge d'instruction m'a contacté pour que je lui relate les faits. Je ne lui ai rien caché.
Quelques jours plus tard, j'ai contacté un avocat à Montpellier. Il a accepté de s'occuper de mon dossier.
J'ai passé le reste de mon incarcération dans la cellule 134 bâtiment A avec le numéro d'écrou 10003P.

Éric

© Le Monde, 7 février 2000

Pire méfait, comme herbe empoisonnée
En prison s'épanouit bien,
C'est seulement ce qui est bon dans l'Homme
Qui se flétrit, réduit à rien ;
La pâle Angoisse auprès du portail veille,
Le Désespoir en est Gardien.
[...]
Chaque cellule étroite qu'on occupe
N'est que sale et sombre latrine
Le puant souffle de la Mort vivante

À chaque lucarne assassine ;
Sauf le Désir, tout est réduit en poudre,
Broyé par l'Humaine machine.
[...]
Jamais de voix humaine qui s'approche
Pour dire une parole aimable ;
L'œil qui épie à travers le judas
Est sévère et impitoyable ;
Tous nous oublient, nous nous sentons pourrir
Âme et corps, pourrir, misérables.

Se rouille ainsi la chaîne de la Vie
Du dégradé, du solitaire :
Un homme jure, un autre fond en pleurs,
Et certains ne font que se taire
Mais douces sont les Lois de l'Éternel,
Qui brisent même un cœur de pierre.

Oscar WILDE,
La Ballade de la geôle de Reading

Un après-midi d'octobre 1985, à Paris, je me suis sentie si mal que j'ai demandé au médecin de passer chez moi au retour du travail. Je l'attendais. Il était environ 20 heures ou 21 heures. On sonne. J'ouvre sans me méfier. Et devant moi, ma fille. Ma fille si désirée si belle – 25 ans – sur le palier, menottes aux poignets, deux CRS me bousculent, entrent, referment la porte sur ma fille, gardée par une femme. On fouille chez moi, on me questionne violemment. On me menace en paroles. « Association de malfaiteurs ». Voilà ma fille arrêtée. On me demande son adresse. Je ne la connaissais pas. On ne veut pas me croire. Je dis juste : « Mais fouillez tout ! » Je ne sais rien. Qui les a conduits jusqu'à mon adresse ? Puis leur talkie-walkie fonctionne. Quelqu'un leur donne son adresse à elle et son ami. Ils partent, emmenant ma fille. Ce jour-là, c'est moi qu'on arrêtait, moi qui suis allée en prison à Fleury. C'est moi dont les poignets étaient entravés par les menottes. Jamais, jusqu'à mon dernier jour, je ne pourrai chasser cette image de ma tête, de mon cœur. Ce jour-là, ma vie s'est arrêtée pour de bon. Je l'ai soutenue à bout de bras ; une lettre tous les jours ; chaque semaine, le parloir ; je lui apportais son linge propre embaumé de son parfum de Guerlain, car tout est interdit. J'oubliais mes clés dans ma poche, et ça sonnait, et les gardiennes me faisaient retourner en arrière, me fouillaient. Je devais tout déposer dans un casier fermé à clé. Je parcourais ces couloirs sinistres et tremblais de la revoir enfin, elle, ma fille. Je travaillais tous les jours. Prenais un bus à l'autre bout de Paris, pour arriver à Sainte-Geneviève-des-Bois. J'attendais, au milieu d'étrangers jamais vus, mais vivant mon supplice. Pareil. J'avais juste le droit de prendre mes cigarettes et mon briquet à la main, et puis, venait si vite le moment de la quitter. La gardienne apparaissait. Le bruit des portes...

Tout, tout est fixé à jamais. Depuis ce jour, je suis toujours en prison. C'est moi sa mère qui suis détenue. Une prison sans barreaux, sans fenêtres cadenassées. Elle, elle a payé sa dette à la société. Elle est libre. Je ne peux lui en parler. Elle est une autre, et elle est moi en même temps. Je l'ai tant aimée. Il y a un mur, maintenant ; cette fille, comme toute fille pour sa mère, le prolongement de soi, une femme comme moi. Ma vie sera bientôt finie. Elle vit loin. Très loin. Je ne peux plus lui parler vraiment. Je suis toujours en prison. Je vis de livres, de musique. Encore de la musique, le jour, la nuit. Je ne sais plus ce que dormir veut dire. Je n'ai plus que son image dans les yeux, devant ma porte, enchaînée.

Je crois qu'une mère vit tellement fort ce que son enfant vit. C'est une blessure sans cicatrice. Je voudrais toucher la cicatrice et l'apprivoiser. Mais cela m'est impossible. Je suis condamnée à perpétuité. J'aurais voulu qu'on m'emmène à sa place. Au moins, j'aurais pu en parler, après. Mais il s'agit d'elle. Je n'ai pas le droit de parler. De dire la vérité.

Depuis, le moindre coup de sonnette ou de téléphone m'effraie. Je me suis créé mon univers où je n'autorise personne à entrer. Là, seulement, je parviens à écarter, de temps en temps, les barreaux. Furtivement. Je n'ai plus envie d'aimer et d'observer les gens. Ils me font peur. Ma grande solitude est mon seul refuge. Et je m'y suis habituée.

Amélie

J'ai encore 14 ans à faire au moins et cela me fera sortir à 40 ans environ, y étant entré à 20 ans et 20 jours. Cela aura été 40 ans d'errance ou de tortures de ne pouvoir mettre en application ce que j'ai compris. De plus, je suis condamné à souffrir d'amour censuré pendant 14 ans encore. La personne concernée aura... 45 ans à ma sortie. De qui se moque-t-on ?

Taieb

La bonté, en prison, est presque toujours prise pour de la faiblesse. La nature généreuse doit tricher presque continuellement, c'est peut-être le plus difficile à vivre. J'ai toujours été gêné par cet aspect de la taule. Tu lis littéralement l'intérêt dans les yeux des personnes qui t'entourent, tu sais que derrière les fronts, ça calcule, ça soupèse, ça évalue la faiblesse ou la force. Bref, le respect qu'on te porte en prison est en fonction d'une part de ton comportement et d'autre part, c'est le plus important, il est proportionnel au degré de force dont tu disposes et que tu imposes. Le respect passe toujours par la violence, une certaine forme de violence, si tu veux pas toujours physique, peut-être verbale, quelquefois une apparence agressive suffit, mais toujours tu dois faire croire que tu es capable de violence.

Patrick

La parole est un truc pour se défendre. Mais ici, où je suis à l'instant même, la parole c'est rien, parce que si vous parlez de trop, c'est le mitard.

Amour MOHAMED

Ce soir, je me sens triste. J'ai besoin de savoir si un jour je pourrai donner l'amour qui dort en moi. Souvent, je voudrais crier de rage mais je n'y arrive pas. Toute la haine qu'il y a au plus profond de moi-même me fait souffrir. J'ai comme l'impression qu'elle est enfermée en moi.

Katheline

J'en ai marre, tellement marre. J'ai envie de taper dans la gueule des gens, en pensant que ça me soulagera. Et puis j'ai peur, car je sens la haine m'envahir de plus en plus.

Philippe

C'était avant qu'il fallait s'apitoyer, c'était avant qu'il fallait me tendre les mains. Maintenant, c'est trop tard. Si on n'avait pas été brisé par la prison, on n'en serait pas là. Si on ne nous avait pas mis dans des quartiers de haute sécurité, on ne serait pas devenus des fauves.

Daniel DEBRIELLE,
la Santé

Dieu, si tu es dans les parages, fais quelque chose !

André, Rouen

Personne jamais
Ne viendra marcher dans ma tête

Gérard, Fresnes

Fermeture

Jour sans lecture. Jour sans ce qui le précède, l'accompagne ou lui succède. Jour d'existence improbable, sans autre trace que le souvenir de son absence. Absence du jour, absence au jour.
Quel temps fait-il ? Quelle sorte de nuage habite le ciel de ce jour ? Quel jour était-ce ? Un coup d'œil sur le calendrier, à la recherche de ce mystère qu'on nomme le jour : Mardi, Un mardi !
Un mardi pour rien. Tout un jour pour rien. Comme malheureusement semblable à d'autres jours pour rien.

Ce jour sans lecture, ce jour pour rien, le corps l'a vécu. Avec intensité bien qu'il n'en subsistât aucun indice. Le cœur a pompé du sang ce jour-là aussi. Des cellules de peau neuve ont chassé des cellules de peau morte. De petites bêtes ont mangé des morceaux de peau morte. C'est dans l'ordre des choses. Ce jour sans lecture, ce jour pour rien, a quand même servi à quelque chose : nourrir les acariens de peau morte. Ordre du jour. Rien à l'ordre du jour sans lecture. Lecture du rien à l'ordre du jour. Rien à l'ordre du jour de la lecture.

Jour du rien, à l'ordre de la lecture. Lecture du jour à l'ordre de rien. Jour de lecture de rien. Lecture de rien du jour.

Rien de lecture. Rien du jour. Rien de rien, ce 30 novembre 1999 qu'on ne vit pas venir, qui exista à peine et qui n'est déjà plus, comme s'il n'avait jamais été.

Daniel

Mercredi

Mercredi jour de Mercure : temps de l'échange, du réveil de la conscience, de la découverte de soi-même par la redécouverte de l'autre... Il arrive que la prison vous libère de vous-même, vous fasse découvrir cet espace de liberté qui unit la terre au ciel, pourvu que l'on cherche à décentrer son regard, à penser à l'autre, à penser par lui. À être lui.

Pour cela, il faut arriver à se dévêtir de ses petites et de ses grandes vanités, de cet espace de représentation qui vous permet de paraître et que vous finissez par mélanger avec l'espace vital, tant il est vrai qu'il vous a conduit à empiéter sur celui des autres...

Longtemps votre vie n'a été que quête de pouvoir, soif de séduction, de domination, chapelet de conquêtes et de victoires qui à force de symboliser le renoncement de l'autre, son aliénation, finissaient par résumer votre renoncement à l'autre, et votre soumission à votre propre faiblesse, à vos propres turpitudes. D'une certaine manière, et même si vous n'êtes jamais véritablement passé à l'acte, vous étiez un tueur : vous étiez capable de gommer l'autre lorsqu'il vous gênait...

Il vous avait fallu un certain temps, une certaine expérience pour arriver à perdre le sens du remords... À dominer ces états d'âme dont vous pensiez qu'ils n'étaient que la manifestation méprisable de votre faiblesse de caractère. Vous vous étiez progressivement « blindé ». Vous vous étiez forgé une gangue, une armure d'indifférence. Vous vous étiez aventuré sans même vous en rendre compte sur le sable mouvant du grand désert de l'inhumanité... Le temps vous manquait. Vous n'étiez plus même capable d'en prendre pour vous-même ou d'en donner aux autres.

Certains ici continuent de se jouer les actes de la grande comédie humaine... Ils ne cessent de chercher à délimiter, et à marquer le territoire dont ils revendiquent la propriété. La violence leur sert de blason. D'une certaine façon, la prison ne les a pas fait changer de système. Ils continuent à mesurer leur puissance à l'aune de la taille de leur sexe, ou de celle de leurs tatouages. Ils règnent en maîtres du mauvais côté de cette ligne jaune édictée par la loi, mais avec des arguments et des comportements très comparables à ceux de certains de ces puissants « honorables » qui règnent sur la cité, de l'autre côté, du « bon » côté de la ligne jaune. Dans les deux cas, il y a des dominants et des dominés. Dans les deux cas, c'est l'argent qui sert de carburant pour alimenter le grand moteur universel de la volonté de puissance... Et curieusement, même lorsque la misère est omniprésente et devrait inciter les hommes à préméditer la survie de l'humanité qui les porte, on trouve toujours de l'argent pour faire la guerre, et pour continuer ainsi à aiguiser le fil tranchant de la misère humaine...

Mais si la prison, en vous dévalisant des attributs du paraître, vous enseignait que la véritable force ne se mesure ni à la taille d'une voiture, ni à celle d'une maison, d'un bureau, d'un cheptel ou d'un morceau de terre. Que la véritable puissance ne se mesure ni au poids de l'or ni à celui de l'arme que l'on tient dans ses mains. Que la véritable influence ne s'évalue ni au coefficient de la violence ni à celui de la peur que l'on fait régner autour de soi...

Si la prison vous démontrait que toutes vos tentatives maladroites ne sont que des fausses pistes, des solutions en trompe l'œil, des voies sans issue...

Des ersatz qui de toute façon n'arriveront jamais à combler votre infinie solitude originelle, à compléter cette moitié d'orange qui vous a toujours manqué...

Si la prison vous prouvait que vous ne pouvez être qu'à travers l'autre, par lui et pour lui...

Alors, et même du fond de votre geôle, vous deviendriez vous-mêmes pour cet autre une issue, un passeur, un vecteur de liberté...

Vous trouveriez avec lui le chemin de l'écoute et de la complicité.

Et si l'autre était libre, parce que vous l'auriez affranchi de la morsure des barbelés dont vous pensiez qu'ils vous protégeaient, alors les murs, les kilomètres, les années qui vous sépareraient n'auraient plus autant d'importance.

L'autre deviendrait votre regard ; il deviendrait votre propre liberté.

Ouverture

À côté de tant de souffrances trop réelles, et comme pour les compenser secrètement, il y a une volupté de la prison. Je ne songe pas en ce moment à celle qui résulte pour le condamné politique de la nature même de son épreuve. Il y a, de toute façon, une volupté secrète dans la réclusion, fût-elle subie injustement.

En prison, on organise tout pour vous. Un horaire immuable, qui ramène la cloche du lever et celle du coucher, les repas apportés sans commande, l'électricité qui s'allume et s'éteint seule, compose un endormant mécanisme auquel on s'abandonne. Plus de volonté à faire valoir ; plus de choix à effectuer ; plus de monotones démarches pour gagner son pain ; plus d'efforts incessants pour résoudre ces mille petits problèmes, d'où naissent les soucis rongeurs qui abrègent la vie. Les hommes et la société ont disparu ; leur spectacle décevant s'est évanoui. Il n'est plus besoin de concessions, de transactions, pour les obliger à vous faire place. On perd la pensée peu à peu et n'est-ce pas un grand débarras ? En échange, on gagne quelquefois la certitude. On cesse de s'écouter vivre.

Étrange vie au ralenti, sans événements, ni secousses ! Il n'arrive plus rien. Curieuse existence en veilleuse, qui vous guérit de la fébrilité : désormais on mangera lentement ; on n'aura plus hâte d'avoir fini ce qu'on a à peine commencé ; on prolongera les rares conversations ; on ne consultera plus sa montre ; on découvrira les brins d'herbe et les taches du mur. Les désirs et les besoins, seuls empêchements à un bonheur qu'on a méconnu naguère, se sont dissipés. En même temps, on cesse de vieillir. Il semble qu'on se soit figé dans son âge et dans son personnage d'hier. La vie, suspendue, ne recommencera qu'au jour de la libération. On ne songe pas que rien au-dehors ait pu changer, puisqu'on était absent et que, sans vous, le monde n'est plus. Le temps est venu de réfléchir aux vrais problèmes, ceux que la fièvre passée ne vous laissait jamais le temps d'examiner, problèmes de la destinée et de l'âme. Sans la prison, peut-être fussiez-vous morts comme la plupart des hommes, sans jamais trouver une journée entière à leur consacrer. En prison, on prend conscience de soi-même, on apprend à se connaître ; on fait sur soi d'étonnantes découvertes. Et quel réconfort si l'on peut se trouver un cœur ferme ! Telles sont les fortes nourritures de la solitude.

Jean ZAY,
Souvenirs et solitude

Pendant des mois à Paris, et des années ailleurs, j'ai joui comme on se tue, j'ai poursuivi le fric parce qu'il donne l'illusion de posséder quelque chose, j'ai fait tout le mal que j'ai pu parce qu'il faut détruire rageusement ce qui vous rend jaloux. [...] J'ai piétiné tous les espoirs à la traîne, j'ai brisé ce que j'aurais adoré.
Tout ça, c'était raté. Je pouvais me contracter des heures entières, passer enfin pour la dure salope, la perdue, l'irrécupérable. J'ai à mon actif toutes les vacheries, toutes les débauches. Mais comment, toi, n'as-tu pas senti que, tout au fond, c'était raté ? que mon cœur crevait d'amour et fondait à la moindre étincelle de beauté ? que toute haine tournait en moi à l'indifférence et qu'en fin de compte je jouais ma dernière chance sur l'amour ? Et que je ne pourrai jamais passer en marche arrière ? N'importe. Je veux croire, jusqu'au bout.

Albertine SARRAZIN,
Lettres à Julien

Dehors, le beau temps arrivera bientôt. Comme après la pluie, n'est-ce pas ? Et me voilà, captive, pour encore combien de saisons ? Du fond de cette cage, de cette prison ou d'une autre, d'ici ou d'ailleurs, manquant d'air, de jour, de lumière, d'amour, d'affection... qui n'arrivent que par lettre. Je ne cesse de penser à des animaux encagés... et je lève la tête comme eux, et j'ai envie de crier lorsque je sens

pénétrer dans ma cage l'odeur des arbres verts, des montagnes, de la Liberté.
Le ciel de la prison est un ciel monotone. Toujours gris à cause des murs, toujours ce brouillard, qui laisse sur nos fronts – lorsqu'on se promène sur la cour – de petites gouttes d'eau. Quel ennui... perpétuel et morne... Je ne peux pas dépasser ces hauteurs, je fais des cauchemars ces dernières nuits, et là, je rêve encore de prisons, sombres, sans sortie, avec des escaliers qui montent, qui descendent, sans fin.

Mais comment ne pas se sentir comme un arbre qui était en fleur et que l'on a arraché de sa terre, pour le mettre à l'ombre, dans un coin stérile et solitaire ? De ce coin, je tourne mes branches, encore avec des fleurs, vers les rayons absents, inaccessibles. Si l'on m'a enfermée ici, c'est pour me faire languir, mourir lentement, en pleine jeunesse, me faire vieillir. Me condamner à la solitude, au temps qui passera emmenant avec lui plein de choses et de gens sur son passage : Tout ce qui n'est pas solide.

Mes fleurs, jour après jour, sans rayons, sans lumière, sans amour, tomberont sans bruit, mais je sentirai chaque déchirure.

Idora

J'atteins mon millième jour de captivité. Mille jours ! Pourtant ces trois zéros m'impressionnent moins qu'autrefois les deux zéros de mon centième jour. En s'accumulant, les jours se rétrécissent, s'amenuisent, comme une pyramide qui va vers sa pointe. Le prisonnier qui doit vivre des années entre quatre murs ne peut échapper au dilemme : se laisser écraser par l'idée et la sensation du temps, en subir l'obsession grandissante, chaque jour plus douloureuse ; ou bien le dominer, le vaincre, l'abolir. Être le vainqueur du temps ou son vaincu, la prison ne permet que ces deux sorts extrêmes. Dessus ou dessous le bouclier... Une grande perspicacité n'est pas nécessaire, ni une particulière originalité de pensée, pour comprendre qu'on ne peut gagner la partie que par un travail méthodique et l'oubli du monde ; il faut apprendre à placer désormais sa vie, non dans la compagnie des hommes, mais dans le souvenir et dans l'attente de l'avenir, dans l'imagination et la méditation. Alors on oublie le temps en s'en servant, comme dit Baudelaire. On écoute ce qu'Herriot appelle la plus belle de toutes les musiques : « l'accord de la solitude et du silence ».

Jean ZAY,
Souvenirs et solitude

Écrits du silence

Les murs ont perdu la parole
In carcel, homme n'est plus
Sans libertés que matière molle
Ignoré du monde, exclu.

Au loin deux montagnes
Noires l'hiver, grises l'été,
Bétons masquant les campagnes
Ici être c'est avoir été.

Sadisme ordinaire du maton,
Censure douloureuse de tes cris
Le mirador du mur de béton
Encadre tes longs écrits.

Les hommes en noir ont choisi
Pour toi de ne rien comprendre,
Et laisser envahir ton âme de moisi
Sous le prétexte de t'apprendre,

Les jours ont la couleur ordinaire
Des bruits familiers, serrures,
Barreaux tapés en tentant de faire
Résonner en toi le bruit des ferrures.

La punition n'est pas seule pour toi
Mis en retrait des vivants
Ton corps n'est plus à toi
Toutefois reste survivant.

Le mur où tu jettes des images
Limite arbitraire de ton horizon
Dit que seuls les très sages
Abattent eux-mêmes les murs des prisons.

Narcisse.

Le genre de trucs débiles. Des psychiatres et autres toubibs, j'en ai connu des dizaines depuis que j'ai été mis en prison. Les tests, je les connais presque par cœur ! En prison, j'ai appris à faire la différence entre entendre et écouter. On entend trop souvent sans écouter. C'est surtout que les discussions sont toujours pratiquement axées sur la prison, la justice, etc. On n'en sort jamais. C'est un peu pour cette raison que je marche souvent seul en promenade. Mais il y a quand même des garçons intéressants. Il y a aussi des gars qui ont besoin d'être écoutés. À Dijon, lorsque j'étais bibliothécaire, un jeune de 20 ans s'était jeté par-dessus la rambarde de la coursive. Il s'en est tiré avec un bras cassé. À son retour de l'hôpital, on le met dans ma cellule. Tout le monde lui avait déjà posé la question traditionnelle : « Pourquoi t'as fait ça ? » À tous, il répondait par une histoire inventée. Personnellement, je m'en foutais de savoir. Je pensais qu'il avait ses raisons. Mais un soir, se sentant en sécurité, il s'est mis à parler et m'a tout raconté. Je l'ai écouté sans l'interrompre et ce fut pour lui une espèce de libération intérieure. Quand il eut fini son récit, j'avais envie d'aller voir ses deux anciens « copains » de cellule, deux petits salauds qui jouaient aux durs en profitant d'un plus faible. Ils lui faisaient faire toutes les corvées de la cellule, le ménage, la vaisselle et le reste... Ils le frappaient aussi... En prison, quelles que soient les circonstances, on n'a pas le droit de moucharder. Alors il ne disait rien et encaissait. Jusqu'au jour où il a craqué. Puis il fut libéré. Il m'a envoyé une carte me disant qu'il travaillait comme serveur dans un restaurant. Et qu'il avait été content de finir sa peine avec moi qui avais su le comprendre et l'écouter. Ça m'avait paru banal mais pour lui, c'était important. [...] Parfois, il ne faut pas grand-chose pour qu'un être reprenne goût à la vie. Je me souviens d'un autre garçon qui m'écrivait, une fois libéré, lorsqu'il avait un moment de cafard. Ça pourrait peut-être paraître anormal, lui dehors, moi dedans pour des années, mais c'est moi qui lui remontais le moral.

Michel, Dijon

Le 18 décembre 99

Est-ce la vie ?

Quel triste sort de se voir séparé du monde... De se sentir à l'étroit comme dans une tombe ! Cloîtré. J'ai trop de mal à gérer l'angoisse que l'incarcération finit par engendrer. Je touche du front, des joues, des mains, le mur le plus imprévu, le plus sourd ! J'ai beau regarder en l'air, histoire de changer d'air, je ne vois que ces murs gris, celui de la souffrance que l'on m'a infligée, à moi, « inapte à ce monde ». Vertige de l'âme. J'ai peine à marcher. J'ai peine à penser. J'ai peine à écrire. Malheureux malheur procurant si cruelle béatitude... Je m'enfonce un peu plus chaque jour, foudroyé par le destin trop lourd. Combien d'injures sur ces murs gris ? Combien de haine ? Combien de peine ? Bonheur perdu ! Bonheur enfui ! Le temps va et vire. Par jours, par mois, par années... Et moi, las, je ne sais que dire ? Que faire ? Pour que ce temps en ces lieux désolés puisse me paraître meilleur... Moins triste, moins gris, moins pesant... J'ai trouvé la solution ! L'ultime...
Il m'aura fallu une annonce... Quelques mots triés dans le coin de mon cerveau, pour que je puisse avoir l'idée de ne plus être « oublié »... Oublié du monde extérieur. Là où la devise est « chacun pour soi, et à chacun son soi »... Un monde où même les gens qui crèvent de faim et dorment dans le froid ne sont plus même regardés... De là, vous êtes venue, pareille à une ombre solaire, pareille à une note musicale, éclaircir cette cellule où l'oubli et l'isolement avaient fait place au « quotidien ». Maintenant, la vie sourit enfin. L'espoir d'une lettre et de quelques mots me fait attendre chaque jour le « facteur » avec la peur au ventre de ne pas voir arriver cette lumière, cette douceur et cet attachement que me procurent vos écrits. Je ne sais comment décrire le ressenti et l'émotion qui font que mes battements de cœur se font plus rapides, à la vue de l'écriture sur le dessus d'une enveloppe. Votre écriture... De décrire

ces contenus et la puissance des mots qui sont déposés sur le papier... J'ai comme l'impression d'être « petit » avec mes courriers, mes mots et ceux des « autres » volés ici ou là ! La peur de ne pas être à la hauteur et de voir, enfin de constater que l'échange ne serait plus que souvenirs... Cette idée me ronge l'esprit ! Pourquoi ? Peut-être trop d'illusions ou de désillusions en ce monde clos et cruel ! Je chasse cette idée de mon esprit. Elle m'empêche de dormir depuis quelques jours, disons de dormir à des heures dites « normales »... J'ai honte d'écrire ma souffrance et de vous l'envoyer en plein cœur !... Et pourtant, je ne peux m'en empêcher... Je laisse aller mes pensées avec ce qu'elles comportent de positif comme de négatif, même si ce jour, ou plutôt cet instant, grave une négation marquée, écrite et inscrite à jamais, sur ces quelques pages...

Paul

Deux jours qu'on ne me sort pas, déjà, même pas pour l'unique heure de promenade, car, sans trêve, il bruine. Il me semble que l'humidité afflue continuellement dans la cellule, et qu'elle tombe sur mon visage et sur mes mains comme un dépôt poisseux. Ma couverture est rêche et glacée, ma nourriture a le goût de la gamelle en fer-blanc, et ma cellule cet indescriptible relent de l'espace exigu où un homme respire et vit, pétrifié, sans air frais.

Mais là, derrière mes paupières – si seulement je ferme les yeux – vivent la vie, dans toute sa plénitude, le monde, dans toute sa beauté. Tout ce qui a jamais touché mes yeux, mes lèvres et mes mains, tout est dans ma conscience, vivant et lumineux, sur l'arrière-plan sombre de cette souffrance. Le luxe et la beauté de la vie, indestructibles, vivent en moi.
Et, à présent que j'ai perdu tout cela, une gratitude sans fin me remplit l'âme pour tous les dons, multiples et merveilleux, que la vie prodigue à ceux qui sont plus heureux que moi.
D'où me vient cet étrange sentiment ? Je le traverse, comme la paix vert sombre et le silence odorant d'une forêt de sapins, un jour d'été. Et j'oublie tout, autour de moi.

Ivo ANDRIC,
Inquiétudes © Éditions du Griot, 1993

Une porte s'entrouvre. Deux petites têtes blondes apparaissent. Deux paires de grands yeux innocents, deux sourires francs, deux visages frais et roses font leur entrée. Les regards se cherchent et se trouvent : « Papa ! » Mes enfants me sautent au cou et, à cet instant même, je cesse d'être un matricule pour redevenir un père. La tendresse reprend sa place et l'émotion doit se lire au coin de mes yeux. Je plonge entre leurs bras tendus et me délecte de l'odeur de l'enfance. À peine ai-je eu le temps de voir ma compagne restée en arrière pour ne pas troubler un instant si précieux. Six ans déjà que Camille, neuf ans, et Téva, six ans, viennent voir leur père, condamné à une longue peine, au parloir. Pour quelle raison ? Ils ne l'ont jamais su exactement, et d'ailleurs ils ne cherchent pas la réponse. Aujourd'hui, tout au plus Téva évoque-t-il la « grosse bêtise » de papa. Quand j'ai été arrêté, il ne marchait pas encore. Pour eux l'important n'est pas vraiment de savoir mais bien de retrouver ce père qu'on ne leur a pas caché, quelle que fût sa faute. Ce père à qui ils rendent visite est la preuve bien vivante que, eux aussi, ont un papa comme leurs copains et copines de classe. C'est celui qu'en semaine on réclame parfois en pleurant lorsque les choses vont mal et que se fait sentir le besoin de réconfort, tout en souffrant de ne pouvoir embrasser son père tous les jours. À la maison, maman, c'est aussi celle qui punit, alors forcément, papa, s'il était là, ne pourrait être que le doux sauveur.
Trois quarts d'heure de visite ça n'est pas de trop pour tout se dire. Bien sûr il y a le téléphone, quinze minutes par semaine, mais une voix dans le lointain est impersonnelle. Là, au parloir, Camille peut boire son père du regard, le serrer contre elle. Téva peut enfin sauter sur des genoux solides. Un semblant de vie familiale s'instaure dans ces seuls instants où les quatre membres de la famille sont réunis. Au début, dans l'exiguïté des parloirs sombres de la maison d'arrêt, Camille n'avait de cesse de réunir les deux mains de sa mère et de son père pour être sûre qu'ils formaient bien un couple. Elle en profitait pour vérifier que papa portait bien son alliance et maman aussi. Difficile pour un enfant de comprendre comment deux grandes personnes peuvent s'aimer et être séparées. Il y a du sacré là-dessous. Puis est venu le temps des questions : « C'est qui le monsieur en bleu ? » « Un gardien qui surveille... » « C'est où ta chambre ? » « En haut... ». « Quand est-ce que tu ren-

tres ? » est la question qui revient le plus souvent. Mais comment dire à ses enfants qui n'ont que six et neuf ans que l'on ne rentrera que dans dix ans ? « C'est quand j'aurai quel âge ? » est la seule réponse qu'ils puissent trouver. Pensez donc, dix ans, pour eux : c'est une vie... Et c'est forcément trop long, trop loin, enfin trop...
Alors ils préfèrent vite passer à autre chose. Ici, en centrale, les parloirs sont équipés de machines distributrices de boissons et de bonbons. « Papa, viens ! On va acheter des bonbons. » Et de me tirer par la main. Jouer au marchand et à la marchande, même avec une machine, nous pouvons le faire ensemble. Presque comme dehors. Et puis après il y a le partage des bonbons. Téva offre un rouge et, aussitôt, Camille renchérit avec un vert. Ils surveillent bien que je mange les deux car, au-delà de la friandise, c'est un peu d'eux qu'ils m'offrent. Le bonbon devient alors l'hostie de la famille. Et alors, seulement maintenant, on laisse maman parler avec papa. Mais pour autant, ils ne s'éloignent pas. Ils viennent se blottir tout contre leur père pour pouvoir, en silence, l'entourer de leurs bras et respirer son odeur. Ce désir de l'autre est si fort qu'il est même arrivé à Camille de respirer le sac de linge que je confiais à ma compagne aux fins de lavage et de dire : « C'est bon. Ça sent papa... » Ils resteraient bien là mais, déjà, il faut se quitter. On se serre, on s'enlace. Le monde n'existe plus hors de la famille. On se fixe du regard pour emporter avec soi les dernières images. Grâce à elles on pourra tenir jusqu'au prochain parloir. « Tu nous téléphones, papa ! Tu m'écris une petite histoire ! » Je les embrasse encore. Il est bien difficile de se séparer. J'embrasse tendrement celle que j'aime, leur maman, sur les lèvres. Téva se penche alors vers l'oreille de sa sœur et chuchote : « T'as vu ! Ils s'aiment. » Que c'est triste un parloir, le samedi, quand les anges s'en vont...

Collectif, Poissy

À présent, ça y est, je suis dedans. Je suis un pauvre. Tout ce que je possède, c'est un peu de linge déchiré, une cuiller, un couteau. Et ce quart en aluminium sur lequel un premier possesseur a gravé deux fleurs et le prénom d'une femme. Ça tient dans une musette de soldat. Je porte la défroque des pauvres. Je fais les gestes des pauvres. Je ramasse les

bouts de ficelle et les vieilles boîtes, parce que tout peut toujours servir. Chaque jour je prends ma place dans une longue file d'hommes qui attendent leur pitance. Chacun son tour. À mon tour, je tends ma gamelle. On y verse un peu de raves, d'orge ou de choux. Au tour d'un autre. Je vais m'asseoir sur mon lit. Humblement, en pauvre, je mange ma soupe de pauvre. Et mon lit, c'est trois planches avec une paillasse maigre et une couverture sale. Et la nuit, c'est plein de punaises.
On s'habitue à ces choses. La pauvreté, ce n'est pas la privation. La pauvreté, c'est de n'être jamais seul. Je m'en rends compte maintenant que je suis de l'autre côté. Le pauvre n'a pas droit à la solitude. Il naît à la maternité, avec les autres. Il crève avec les autres, à l'hôpital. Entre la crèche et l'hospice il y a les garderies et les asiles, les taudis et les casernes. Sa vie, de bout en bout, il lui faut la vivre en commun. On joue dans le sable public des squares et sur le trottoir de tout le monde. On couche à dix dans la même pièce. On se heurte dans les escaliers et les couloirs. Et c'est plein de murs, d'escaliers et de couloirs, la pauvreté. Les portes ferment mal. Les murs ne séparent pas. N'importe qui peut entrer chez les autres pour emprunter cent sous, pour rapporter une casserole, ou simplement pour s'asseoir les mains aux genoux et raconter sa peine. Et on ne sait même pas où cela commence et où cela finit, « chez les autres ».
Telle est notre condition désormais. Nous nous cognons aux autres comme aux parois d'un cachot. Aux sales autres. [...] Plus rien à soi. Fahren, führ, gefahren. On voudrait penser, rêver. Mais les autres viennent crever vos rêves. Avec leurs mots, leurs chansons, leurs colères. Rien à faire. On ne rêvera plus. Il n'y a qu'à s'abandonner aux autres, à faire comme eux, avec eux. S'emplir, se vider.

Georges HYVERNAUD,
La Peau et les Os

Jeudi 24 décembre
Je passe Noël en prison. Ce n'est pas celui dont on peut rêver. Pourtant, ici, c'est comme une grande famille. Je n'oublierai jamais la joie de vivre cette fête avec d'autres filles, toutes différentes et ayant chacune ses problèmes.

Pourtant nous sommes toutes écrouées mais Noël est un jour de paix, de joie et de rêve qui devrait être un des plus beaux. Actuellement je pense à ceux qui dorment dehors, ceux qui sont malades, ceux qui n'ont personne à aimer. Il y a un passage de ma vie que je ne pourrais pas oublier : la Roumanie. J'y suis allée avec le Foyer comme aide humanitaire. On oublie facilement ce qu'est la misère des uns et des autres. Moi j'ai appris à tendre la main, quand les autres ferment les yeux. Je pense que dans ma situation je n'ai aucun droit de juger les gens. Je ne cesse de penser à ma vie car il y a beaucoup plus de tristesse que de bonheur. Une chose est sûre, je ne pourrai jamais fermer la porte à ceux qui sont dans le besoin. Je ne suis pas un ange ni un démon, je demande juste qu'on me dise qu'on m'aime de temps à autre. On me l'a dit mais jamais fait sentir. Alors j'ai l'impression d'avoir toujours donné et rien reçu.

Katheline

Après une histoire de mitard, je passais, j'imagine, les plus difficiles instants de ma vie. Jamais ça n'a été aussi dur à supporter. Chaque soir, je me surprends à pleurer, c'est con d'être ainsi à 28 ans, et pourtant c'est drôle, mais présentement, je ne suis rien, presque inutile. Que l'existence peut être idiote ! Prétoire demain. Mais je sais que ce sera 45 jours. Ma vie ici ? Rien pour m'occuper, alors je tourne en rond, ce qui m'a toujours pesé dans ces putains de cachots c'est cette inactivité totale. Être obligé de faire les cent pas pour tenter d'oublier qu'on s'emmerde. En fait, un mois et demi de ce régime de cachot ne peut que me faire du bien pour mon équilibre. Je ne suis pas maso, non ! mais je suis persuadé que si j'ai réussi à rester debout et à préserver mon caractère, c'est dû à ces fréquents séjours dans les cachots. J'y fous ma carapace dans le coin le plus sombre, je respire à fond et je fais le point. Ça me repose aussi de tout cet entourage que je supporte de moins en moins et de l'obligation de voir certaines déchéances.

Maurice

Comme disait un surveillant : « Vous êtes en prison et pas dans un hôtel ! » Il faut faire semblant de vivre, car il est strictement interdit de vivre en homme pensant. Heureux quand même que je puisse te raconter un peu les « expressions » d'un homme prisonnier de lui-même, prisonnier d'un système, et prisonnier d'un interdit. Pourtant que reste-t-il de l'homme ? Le peu que je te dise, crois-moi, a plus de valeur qu'un sourire ou qu'une larme ; c'est la morale même d'un sens de vie qui a perdu tous les sens de la vie. Il ne fallait pas venir en prison pour perdre les sens, c'est ainsi que pense la justice ; nous perdons le sens du temps, et peu à peu la conscience même puisqu'il faut être rusé pour survivre ; car si tu es honnête, tu es perdant ; c'est interdit par les règlements et tu ne peux suivre ta pensée, ni surtout ta conscience, ça gêne les autres consciences.

Chaque courrier que tu reçois, c'est une expression qui sort de la prison pour quelqu'un, et non comme à l'intérieur carcéral où il vaut mieux parler aux murs que de demander quelque chose. De l'intérieur, nous n'avons pas de droits, raison sécurité, mais aussi trop de responsabilités pour de faibles directeurs. Pour eux, le système est simple : gagner du temps sur le temps de peine, donner une vision de répression pour fortifier la sécurité qui est codée dans les lois, tenir l'individu avec le minimum de responsabilités, même pas du tout. Mais il manque trop d'importantes choses ; le contact humain avec l'extérieur, le manque de confiance envers la parole individuelle du détenu, et surtout aussi la remise en surface du délit qui a amené le détenu en prison. Car chaque administrateur sollicité par un détenu remet le dossier sur la table, et oublie de ce fait que le détenu a fait X temps déjà de peine. On reprend le délit comme un PRÉSENT, et de ce fait le détenu ne peut bénéficier d'une confiance.

Michel, Saint-Maur

Froid.
Rire seul pour
Oublier sa solitude
Incompréhension des passants qui, voyant
Cet ivrogne solitaire
Doutent qu'il ait encore toute sa tête
Mais s'il boit
C'est pour noyer sa solitude
Le monde est plus beau quand on le voit flou.
Quand on marche de travers
C'est qu'on ne veut plus rester sur terre.
On boit c'est pour caresser la chaleur d'un cœur
Absent, qui sent l'alcool.

Ousmanitou

J'ai un gros problème, car j'ai des années de haine dans mon cœur, et au fond de moi, je sens qu'il faut que je laisse mes larmes couler et je ne peux pas.
D'ailleurs je suis persuadé que vous l'avez vu dans mes yeux ? Ce n'est pas par orgueil que je retiens ces larmes, mais ce n'est pas un endroit pour vider mon cœur, et que si cela m'arrivait, j'en serais terriblement marqué.
Mais je sais qu'il me faudra laisser mon cœur se vider, car il en a trop accumulé durant ces dernières années.
J'ai envie de devenir quelqu'un de bien ; je suis quelqu'un pour moi, il suffit que je m'améliore, mais je suis quelqu'un de bien, quoi que les gens pensent de moi.
Je ne suis guère optimiste. Mais au moins j'ai une lueur d'espoir dans la fidélité de ma marraine, de mon parrain et de vous-même. Voyez-vous, le jour où vous me laisserez tomber, ce sera ma descente aux enfers !
D'ailleurs j'ai toujours pensé que j'étais dans l'antichambre des enfers depuis ma plus tendre enfance.

Moawiyya

Emprisonner une personne, c'est tout lui retirer. Il ne lui reste rien. J'insiste sur le mot RIEN. Ce mot rien comme une main morte, un corps sans chair, figé là entre quatre murs, en attente, dans le vide et l'abîme de soi. Une forme, un visage de la solitude inexprimable, intransmissible à qui n'a pas réellement subi la prison. En cet endroit, ce rien de l'homme enfermé, toute réaction intempestive est sévèrement réprimée. Du mitard au QHS. Rien, enfin, on meuble ce rien avec des angoisses qui dévorent, rongent et signent l'impuissance humaine, stoppent toute possibilité d'exister encore, dirai-je... L'attente et l'espoir s'installent. Cette longue laisse de tout un chacun, l'espoir, ici culmine et ravage. En prison, ce qui n'est pas autorisé est interdit. Ce qui est autorisé tient dans les trois feuillets du règlement intérieur.

La lettre... La lettre de prison va devenir le support fondamental, disons, le soutien... Bien que certaines lettres puissent se transformer en « arrêt de mort ». Une lettre attendue et jamais parvenue... Une lettre de rupture avec l'être aimé... Quand on reçoit ce type de lettre en prison, seul dans sa cellule, on perd très vite ses moyens. La mort et le suicide menacent... Lettre de décès et autres incidents de la vie quotidienne à effets dramatiques. Souvent, ce genre de lettre engendre une crise de démoralisation, un accès de révolte contre les surveillants et une descente au mitard, une automutilation, une mise à l'infirmerie, au quartier d'isolement. Plus passivement encore, de la tristesse, de la mélancolie, de la désespérance humaine. La lettre de prison pourrait contenir toute la prison. La lettre de prison où le détenu raconte l'univers carcéral au quotidien.

L'état d'âme constant, la perte de soi dans ces cours grillagées, ces corridors blafards, le cynisme réglementaire. La lourde machine, une bête, la monstruosité, inventée par l'homme. Enfermement, l'enfer ! Je hais ces murs, ces briques et j'ai dû haïr ceux qui m'aimaient, voulaient m'aider à tenir, surmonter. Cette douleur muette rend l'enfermé ingrat. S'opère pour certains une vraie rupture humaine. Comment dire la lettre de prison ? La parole vraie... ? On la retrouve dans ces lettres, ces attestations qui estampillent au profond ; la douleur de ces personnes humaines qui n'ont aucune prise sur leur vie. Si dehors le citoyen n'a guère plus de chance, le prisonnier, lui, n'en a aucune ! Et, enfin, une lettre, une réponse... [...]

Le temps a passé, le prisonnier s'est adapté à l'oubli, à n'être rien. L'espoir n'abdiquant jamais, sur la base de cette réponse il va tenter une communication, un rêve (le chiffre UN étant barbare, selon Giraudoux) à DEUX !

Sur une lettre, l'amour, l'avenir.
Le temps javellise. Le mental se blanchit. Certains cherchent à renaître, renaître au suressentiel... L'être du retour, du moins l'illusion. De même que la soumission, l'habitude, la routine crée la vraie soumission, l'espoir d'un changement, d'une modification qui jouera son rôle. La correspondance est-elle un moyen plus fort de communication ? Seul avec soi-même, créant un face à face. Qui est l'autre ? Derrière ces lettres qu'on reçoit, de part et d'autre... — Que fais-tu dans cette vie ?
— Pourquoi es-tu en prison ? — M'écris-tu par charité, par voyeurisme, par ennui ?
— En t'écrivant, je m'écris à moi seule, personne ne sait que j'ose correspondre avec un taulard, j'ai lu l'annonce et j'ai eu envie de remonter le moral à une personne. C'était plus facile de t'écrire que d'aller discuter avec une personne dans la rue. La demande, la solitude, la détresse, c'était toi, ton annonce... Maintenant, j'imagine les traits de ton visage, quel âge as-tu ? Pourquoi es-tu enfermé ? Peut-être as-tu tué une personne ? Tu es devenu un point d'interrogation. Un mystère ? J'aime ton écriture, ta sensibilité. J'ai envie de continuer cette correspondance. Veux-tu que je t'envoie des livres, pourrais-je venir te voir, un jour ? etc., etc.
Le prisonnier essaiera d'affiner, de s'ajuster, de rassurer. De fait il amorcera un changement, le rêve de l'autre, son attente quotidienne envahira toute sa cellule. Au rythme des distributions de courrier, tous les jours à 18 heures ou à 13 heures, selon les établissements.
L'écriture ici devient un privilège. Communique-t-on mieux par la parole que par l'écrit ? De ces lettres de prisons sont nées des histoires d'amour. J'ai vu des codétenus se mettre à lire, changer radicalement et relever la tête.

Roger KNOBELSPIESS

La facilité de parler est une chose qui n'est pas accessible à tout le monde.
Parler à un cahier est souvent plus facile que de s'adresser à une personne qui vous entend, mais ne vous écoute pas, qui vous regarde, mais ne vous voit pas, qui dit vous comprendre, mais qui est au-delà.

Un cahier, ça écoute, ça conserve les souvenirs, ça ne juge pas, ça ne répond pas et c'est toujours présent.
Les choses que l'on dit n'analysent pas celles qu'on tourne autrement. Un cahier ne corrige pas, ne répond pas et ne brime pas. Disponibilité et pureté d'âme, qualité pratiquement disparue chez l'homme mais toujours présente dans « mon cahier ».
Rien ne le touche, lui, ni la vieillesse, ni l'émotion.

Sophie, Loos-lès-Lille

17 heures : Le courrier !
L'heure qu'on attend minute par minute pendant vingt-quatre heures... Dame ! Une lettre, c'est la preuve qu'il y a quelqu'un qui pense à vous, dehors. Alors, l'enveloppe – cadeau, je la regarde, je la soupèse, je scrute le cachet, le timbre, l'écriture, les cicatrices du voyage de cet unique lien avec le monde des autres, dernière parcelle d'intimité déjà violée par les mains indifférentes du censeur et ses yeux impudiques qui en ont scruté le contenu si précieux. Quand je reçois du courrier, je le pose en face de moi sur la tablette et j'attends d'avoir dîné pour le lire. Juste pour faire durer l'unique joie d'une journée pleine de vide.
La lecture d'une lettre, c'est mon dessert, l'engrais de la dernière chance pour sauver mon cerveau en jachère.
Aujourd'hui, je reçois une magnifique photographie des halles de Moutiers prise par Fabienne, une fleur de bougainvillier cueillie par elle à Antigua et des timbres : les utilitaires avec la sinistre tronche de Marianne sans sa mise à prix, et puis les beaux, ceux qu'on admire sans oser les coller. Ceux-là, elle ne les a pas choisis au hasard : ça sent si bon la liberté, un fleuve peint par Corot, l'Horizon et la Mer et un aigle prêt à prendre son envol...

Loïc LE RIBAULT,
Lettre à mon juge

J'ai vécu depuis trois ans en ne voyant qu'un petit nombre d'êtres et chacun peu de temps. Je croyais être privé des mille spectacles de la variété humaine, des vices, des vertus, des beautés, des laideurs d'une inépuisable diversité qui, émaillant la foule, en rendent la fréquentation si curieuse, quand je me suis aperçu que chaque homme est un microcosme, qu'il suffit d'en considérer un pour les retrouver tous et qu'on pourrait même n'en voir aucun, car c'est en soi qu'on découvrirait peu à peu tous les aspects qui semblaient particuliers à d'autres. Sans doute est-ce un des miracles de la solitude que de vous rendre clairvoyant et, en concentrant votre attention sur les rares visiteurs, de vous révéler tous leurs caractères ignorés jusque-là, car dans le grouillement de la vie habituelle on ne voyait en chaque être que le trait essentiel, le plus visible, on méconnaissait tous les signes secondaires. Une pareille clairvoyance vous échoit sur vous-même. Tout au long d'une journée de réclusion, au fil de la pensée, on découvre en soi avec surprise mille réactions qu'on se croyait les plus étrangères, qu'on observait sans les comprendre chez autrui. Il n'est plus guère de sentiments qui vous restent inaccessibles, plus de portes secrètes qui ne s'ouvrent devant la rêverie. Peut-être la solitude développe-t-elle tous les traits d'humanité, aide-t-elle à devenir un monde clos à soi seul, et par une sorte de self-défense, de protection contre ses propres dangers, procure-t-elle des armes et des ressources nouvelles, comme à ces animaux des grandes profondeurs marines ou des forêts sauvages qui possèdent des organes plus développés que leurs semblables des contrées privilégiées.

Le plus grand danger pour le reclus serait de se fatiguer de lui-même, de ne plus pouvoir se supporter. Il faut à son être intime une variété nouvelle pour se donner le change. Une loi mystérieuse y pourvoit. Ainsi en aucun cas ne pourra-t-on jamais être vraiment seul. Récompense et punition. On ne peut se délivrer de l'humanité tout entière qu'en se délivrant de soi-même par la mort.

L'homme soudain isolé ressemble à qui, ayant longtemps couru après un inconnu, le rejoint enfin et le dévisage. L'inconnu s'est arrêté, vous fait face. On le regarde passionnément. Il est tout différent de celui qu'on imaginait, vous révèle des traits insoupçonnés, qui vous ravissent et vous navrent tour à tour. Et c'est soi-même qu'on contemple avec des yeux nouveaux.

Jean Zay,
Souvenirs et solitude

Défense de parler du passé. Défense de parler de chez soi. Il faut vivre la minute qui passe ou rêver l'avenir. Cette règle nous a permis d'oublier, quelquefois, les verrous et les barreaux.

Paul

Aucune prison ne
Me fera
Oublier le goût d'
Une vie faite de nuits blanches,
de femmes blanches aux seins
aussi gonflés que les joues
d'un souffleur de verre.
Rien à faire pour oublier
la douce amertume
des plantes
que je fumais

Ousmane, Rouen

Plus ça va mal, plus je me sens fort. On m'a tout pris pour me donner une tenue pénale qui n'en a que le nom. Plus aucun objet personnel. Il n'y a que moi, le béton, les barreaux. Mais ce qu'ils n'ont jamais réussi à prendre, c'est ce que j'ai dans ma tête. Mes idées. Tu comprends comment, dans de pareils moments, réellement, tu te sens plus fort qu'eux ?

Jean-Michel JURQUET

L'attente parfois se dilate dans un face à face avec le vide et c'est à qui sourira le premier.

Bernard RÉMY,
Journal de prison

Je ne vous tutoie pas parce que je ne peux pas. J'éprouve trop de respect pour vous.

Philippe

Les rêves les plus fous sont à mettre à la discrétion des mitards, là où il n'existe plus aucun repère et dont la force est de trouver des issues en soi. On y est un peu moins à l'étroit que dans un cercueil, mais on y vit en se jurant de tenir bon sans raison valable.

Joël

Il y a tout qui s'efface...
y a tout qui fout le camp !
J'ai gratté ma peau au sang pour mieux me sentir vivre.
J'ai regardé le soleil à me quantifier.
J'ai scruté les étoiles pour m'enfuir.
Je suis descendu dans un fond, à me rapetisser,
et finalement, à me masturber l'esprit à la recherche d'un plaisir qui finit par écrire que je ressens du bien-être à la solitude.

Joël

La nuit est dure et froide en ce soir d'hiver. Les fêtes approchent à grands pas et je suis seul « ici », en écoutant une émission radio. Mais je n'arrive plus à comprendre un seul mot, car une pensée me traverse l'esprit, une pensée de soutien, de vœux pour les sans-abri, les SDF...
Moi, dans quelques mois, j'aurai une vie, un toit. Mais je me fais la promesse de les aider, au moins moralement.
Toujours le revers de la médaille.

Mohamed

Je suis sorti de ce gouffre que sont les QHS. Je suis un homme heureux, ma Mado. Je redécouvre la joie d'avoir un interlocuteur. Quelqu'un à la place de ce mur muet, ce mur qui t'écrase ou parfois t'attire tant que tu as envie de t'y cogner. Le bonheur d'être en cellule, tout simplement. Une cellule comme celle de tous les détenus de France, hormis mes frères que j'ai laissés en QHS mais que je n'oublierai pas. Une cellule où le lit, la table, le siège sont mobiles... Une fenêtre garnie d'une simple rangée de barreaux. Finis les grillages, les vitres incassables et tout le tralala... C'est quasi une semi-libération. C'est dingue... Et puis bientôt, la promenade, dès que je pourrai descendre. Et aussi l'autorisation de me faire déposer cinq livres par semaine...

Daniel, la Santé

Avoir un petit ami, c'est trop difficile, je veux être seule, sans attaches, au jour le jour. On n'est plus spontanée ; même si on rigole, c'est pas vrai.
Il y a quelque chose de moi qui ne peut pas revivre C'est peut-être le pourquoi de l'incarcération. J'ai eu des périodes de picolage, l'alcool, c'est pire.
J'avais 25 ans, maintenant 36 ans. Ce qui manque c'est le temps. On n'a pas le temps, pas le fric. Des choses qu'on aurait pu faire petit à petit avant, pendant onze ans de vie, mais maintenant tu ne peux pas rattraper ce temps.
Je ne me vois pas maintenant épouser quelqu'un et avoir des enfants. Il faudrait que je leur dise. Cela peut être traumatisant pour un enfant. C'est foutu pour moi cela. C'est un passé que j'ai du mal à assumer.
Le mot espoir, je l'ai banni.

Fanny

En prison, il me semble que c'est ceux qui ne savent pas lire qui sont le plus énervés.
[...] La lecture c'est le seul moyen légal d'évasion et c'est l'enrichissement personnel.

Jean-Claude, Melun

Pas de courrier... et mon cœur ne bat plus pendant ces instants.
Je voudrais vous faire comprendre, vous faire ressentir la terrible impression d'abandon qui nous envahit lorsque vous ne nous écrivez pas et que les liens que la prison prétend détruire se défont face à notre impuissance.
J'aimerais que vous compreniez que ce qui, pour vous, n'est

que quatre phrases gribouillées sur un bout de papier ou carte quelconque, pour nous c'est la clarté dans ces ombres. Quatre phrases, quatre caresses, quatre rafales de brise qui ne peuvent nous arriver que de l'extérieur. Si vous voyiez notre expression, notre sourire, lorsque ces enveloppes blanches arrivent... cette recharge de moral et de bien-être, la sensation de ne plus être seule, de vous accueillir et vous recevoir le cœur ouvert comme si vous veniez nous rendre visite, comme si cette cellule, tout à coup, s'était remplie de monde ; de ce petit monde si cher à chacune.

Idora

J'ai perdu. J'ai tué pour faire disparaître ce personnage que j'étais et surtout ce qu'il risquait de devenir. Cette position ne réconfortera pas ceux disparus, ni ceux qui en ont le chagrin. Ma vie n'a jamais été contrainte, il fallut donc l'arrêter et prendre du recul. Chacun y verra ce qu'il veut, ce n'est pas mon souci. Je connais mes réactions mieux que quiconque et j'en domine la portée. J'ai analysé ma personnalité sans me faire de cadeau et avec l'idée précise d'être un concept anachronique dans l'espèce humaine. En me haïssant j'ai appris à aimer les autres, il faudra qu'un jour ça se sache !

Joël

Fermeture

Jusqu'ici, je n'ai su vraiment aimer que les femmes. Avec les hommes, il y a toujours eu ce détestable quant-à-soi de l'auteur, cette crainte d'être dérangé, qui, au moment où je rencontrais les véritables différences de l'ami, celles auxquelles il eût fallu se soumettre, se subordonner pour aller plus loin, me conseillait de me retirer, de ne pas entrer dans ces difficultés. Je voudrais que l'amour des femmes et que le long désapprentissage que je fais ici de moi-même m'apprissent à dépasser pour tous mes aimés cette courtesse d'âme que je déteste. Se perdre vraiment en chacun, cesser en sa faveur d'être, d'exister, de subsister. Mon Dieu, donnez-moi la charité...

Jacques RIVIÈRE,
Carnets de captivité, 8 juin 1915

Jeudi (1)

Jeudi jour de Jupiter. Jour du père du jour et de la lumière. Du magistrat suprême. Du dieu qui châtie. Du maître de la foudre et de l'orage. Jour de l'ordre souverain. Jour de la loi, du respect de l'ordre moral et social, de l'autorité, de la justice. Combat de l'équilibre et du chaos...

Mais vous pourriez avoir un doute et vous demander si ce Dieu juste existe... Si la justice est légitime puisqu'elle enferme ceux qu'elle châtie dans un espace de non-droit, puisqu'elle a besoin pour siéger de cette mise en scène, de ce théâtre aussi imposant que ridicule, de cette pompe imposante et distanciatoire qui prouve bien qu'aucun juge vêtu de sa robe n'est véritablement certain de la réalité de sa crédibilité.

Vous pourriez vous demander si les dés n'étaient pas jetés à l'avance : si vous n'étiez pas de toute façon le mauvais exemple, la vermine, le cancer, la mauvaise graine. Si certains ne préféraient pas vous croire génétiquement prédestiné au mal, pour éviter d'avoir à se poser trop de questions...

« Qui vole un œuf vole un bœuf... » Les hommes ont tant besoin de se rassurer ; de penser que le mal ne les concerne pas ; qu'il n'est pas inhérent à la nature humaine ; qu'il est extra-ordinaire, c'est-à-dire en dehors de la norme, en dehors d'eux-mêmes... Et pour bien le prouver, pour éviter d'assumer leur part de responsabilité dans le grand partage du mal universel, ils l'ont incarné en ange noir ; ils l'ont déguisé en yeti comme ils se déguisent en juges ou en avocats. Ils l'ont pourvu de cornes, de poils, et de pieds fourchus... Ils le craignent autant par superstition qu'ils vénèrent d'autres idoles par religion, parce qu'elles sont plus positives et plus rassurantes...

Au temps jadis, ils avaient même conçu un atlas de l'homme criminel, afin de pouvoir se rassurer définitivement et de chercher à bien démontrer que l'on naissait délinquant, comme l'on naît brun, roux ou blond...

Ils ont revêtu des blouses blanches et mis en exergue pour mieux agir leurs titres scientifiques... Ils ont pesé et mesuré des cadavres, étalonné des crânes et des sexes de prisonniers...

Ils ont ainsi résumé la mauvaise herbe, le bouc émissaire universel, le responsable de tous les maux de l'humanité...

Ils ont conçu des « caractères physiques du criminel-né », des « parentés anthropologiques », des « caractères morbides criminels » et donc des physionomies, des morphologies, des types de criminels : le bandit, l'incendiaire, le voleur, le tueur, le violateur, le faussaire, le banqueroutier, le proxénète, le commanditaire, le brigand, la prostituée, l'adultère, l'analphabète, la bigame, la dépravée, la débauchée, l'empoisonneuse, l'escroc, le fou, l'uxoricide, le parricide, l'infanticide, le pédéraste passif...

Autant de damnés de la terre qui avaient le front fuyant, les oreilles grandes, écartées ou décollées, l'œil louche, sinistre ou fixe, la mandibule robuste ou volumineuse, le crâne lourd, les cheveux très épais, le nez très développé, le menton prognathe, les sinus frontaux, les lèvres minces, la physionomie virile, les zygomes robustes et l'œil félin pour les femmes... Ils pouvaient avoir une figure « semblable au type nègre » ; ils avaient souvent un type ethnique particulier à moins que, « comme pour les crétins, les traits de la race n'aient été effacés par la dégénération »...

Il y avait un crâne, une écriture, une démarche de voleur... À coup sûr l'homme criminel se rapprochait de la bête... Un siècle plus tard ils concevraient ainsi avec des raisonnements comparables, des types, des profils de juifs...

Au temps jadis, ils auraient voulu vous sauver : extirper le mal, chasser de vous le malin en vous exorcisant...

Ils vous auraient voué au fouet, au pilori, à la question, au bagne, aux galères ; vous auriez pu être martyrisé, lapidé, torturé, ébouillanté, empalé, enterré vivant ; vous auriez pu être condamné à la mutilation, à l'éborgnement, à la crucifixion, à la pendaison, à la roue, à la décapitation, au bûcher, au gibet... Ailleurs, vous auriez pu monter sur l'échafaud, vous asseoir sur la chaise élec-

trique ou vous allonger sur le brancard de la mort par injection chimique... De telles pratiques existent encore dans votre vaste monde... Mais l'honnête homme répugne à la mise à mort expéditive.

En négligeant le problème de ses prisons, en pensant de bonne foi que la rédemption nécessite que l'on dépasse la seule privation de liberté, l'honnête homme lui préfère souvent, sans même s'en rendre compte, la mort lente... La mort par enfermement dans un espace trop restreint... La mort par perfusion d'éternité passive, stérile et monotone... La mort par frustration sexuelle... La mort par perte progressive de dignité et donc d'identité humaine. La mort du fauve édenté dont le poil finit de s'éteindre derrière les barreaux de la ménagerie.

On peut toujours naître riche ou miséreux, aimé ou mal aimé, beau ou disgracieux, agile ou impotent, subtil ou lourd d'esprit... On peut toujours naître laissé-pour-compte et franchir alors pour essayer de survivre, et avec une beaucoup trop grande facilité, ces limites que la société a patiemment édictées pour se protéger.

Mais il est écrit que votre faute vous amènera à porter la croix de tous les maux de l'humanité. Vous devrez racheter par votre peine les scrupules, les cécités et les remords mal enterrés de l'honnête homme, de l'homme tranquille qui voudrait continuer à ne surtout pas voir ce qui le dérange. Vous devrez souffrir la passion de l'ange noir : comme pour faire oublier à tous ces hommes qui vous jugent, qui vous jaugent, qui vous surveillent, qui vous ignorent ou qui vous oublient, le douloureux souvenir de leur chute originelle.

Ouverture

C'est déjà l'affreux régime des prisons départementales qui a achevé de corrompre les individus qu'elles ont renfermés. Ils y ont subi plusieurs peines sous la plus dure captivité, et ils n'en sont pas sortis meilleurs. C'est qu'on ne les a jamais mis à portée de réfléchir sur les suites funestes de leur inconduite. On les a guidés avec une aveugle sévérité ; et comme ils y ont vu que tel qui y vivait en homme paisible et amendé n'y avait pas reçu un meilleur traitement que le leur, ils ne se sont pas occupés de mériter une distinction qu'on n'avait pas su établir. Ils ont vu encore la confusion des crimes, des personnes ; des convicts avec les prévenus ; des militaires accusés d'une simple désobéissance mêlés avec des assassins, des voleurs de grand chemin ; des rixes punies plus rigoureusement que le vol, la filouterie. Ils ont enfin trouvé des âmes accessibles à l'appât de l'or et ils se sont promis que, s'ils recommençaient à mal faire, ils essaieraient de ne pas se présenter à leurs gardiens les mains vides. Ce sont ces abus dont on devient comptable à la société entière, qui ont produit ce qu'on appelle les habitués des prisons, dont l'exemple, les conseils sont si pernicieux, et qu'il faudrait pouvoir séquestrer entièrement après deux récidives. Comment se seraient-ils corrigés dans un lieu où on leur a appris les moyens de commettre le crime, où ils ont en tout temps trouvé des maîtres qui semblaient s'être acquis auprès des concierges une haute considération, précisément parce qu'ils avaient mieux le talent de la spoliation ? Ils sont devenus plus méchants, et en cela nous ne pouvons avoir de la surprise, mais seulement de la douleur. [...] Si on veut se faire une idée juste de la réunion de tous les abus, de l'effronterie pour les commettre, des ressources pour les cacher et les faire subsister, et du bonheur pour en trouver l'impunité, qu'on aille habiter pendant quelques mois une prison départementale. Il semblera d'abord à celui qui y pénétrera avec l'intention d'y tout voir et d'y tout juger que ceux qui sont chargés de la surveillance ont un intérêt direct à y laisser germer, croître et prospérer les plus grands maux. [...] Les prisons dont je parle sont réellement dans un état déplorable. Ce n'est ni la conduite ni la nature du crime qui y distingue leurs habitants : c'est l'argent seul qui commande aux gardiens les égards et les préférences. Il est habituel de voir un malheureux accusé d'un délit qui ne sera passible que de la plus légère peine, placé dans le fond d'un cachot, jouissant à peine de la faculté de prendre l'air, tandis qu'un scélérat qui ira bientôt porter sa tête sur l'échafaud, ou donner son existence entière dans un bagne, s'il a de l'or, sera respecté, logé dans une chambre où tout abonde, et nourri à la table somptueuse du concierge. [...] Celui qui n'a pas les moyens de donner des présents, de dépenser beaucoup aux cantines, de payer fort cher la jouissance d'une partie d'un mauvais grabat, est un coquin capable de tout, un insubordonné qui n'obéit à personne, un chef de complot qui veut procurer l'évasion et qu'il serait dangereux de laisser communiquer avec ses amis ou sa famille qui ne le visitent que pour leur en procurer les moyens.

Jules-Jean-Antoine de BÉSAUCÈLE,
Embrun, 1820

La justice est le grain de beauté de la haine. Ce grain a été tracé, maquillé par la main de l'homme de pouvoir. Même ici où, normalement, on devrait redresser l'homme, c'est le contraire. Rien ne va avec la vie de l'homme de conscience. Tout est administré, c'est-à-dire imposé, et cela tue la responsabilité de l'individu. C'est là le négatif de la prison.

Michel

Il ne fait aucun doute qu'il y a un malaise dans notre société et malgré ma déclamation contre le système judiciaire et pénitentiaire je ne jette pas la pierre contre ces institutions, surtout contre celle qui a géré ma vie pendant près de vingt ans. Le mal est bien plus profond et vient de bien plus loin. Tout de même, une société qui construit de plus en plus de prisons, qui met ses enfants de plus en plus jeunes dans ces endroits devrait se poser la question, qu'avant de vouloir corriger ceux qu'elle enferme, elle devrait vouloir se guérir elle-même !

Joël

Quels sont vraiment les fondements de l'enfermement. L'exemplarité ? La vengeance ? La punition ? L'expiation ? La dangerosité ? Au-delà d'un certain seuil, très différent selon les individus, la durée de la peine n'a plus aucun sens et transforme le détenu soit en fauve violent, soit en bête totalement anéantie. À la sortie, c'est donc la récidive ou la clochardisation ou, pire encore, un suicide qui, celui-là, ne sera pas comptabilisé ! Cela fait bientôt sept mois que je suis ici en détention provisoire (du provisoire qui dure car la notion de « délai raisonnable » est arbitraire), subissant à chaque instant le traumatisme indélébile de l'attente. Je sais que désormais je n'ai plus d'avenir. On ne renaît pas de ses cendres... Mais quand je sortirai, et je sortirai bien un jour, comment exorciser l'accumulation de souffrances vécues ici, si ce n'est par de la haine contre cette police et cette justice, plus que contre cette prison, une haine que je communiquerai inconsciemment à mon entourage et même aux plus jeunes, car le seul exutoire possible à une telle souffrance, qui ne s'oublie jamais, c'est de faire passer le message !

Jean-Pierre, la Santé

Les Maisons centrales, c'est la polytechnique du crime.
Depuis l'âge de 13 ans, je fais de la prison sous toutes ses formes.
À 36 ans, j'ai beaucoup entendu parler de réinsertion mais peu vu de résultats. Une longue peine, on la subit et elle nous détruit ou bien on a la force philosophique de survoler cet espace-temps qui peut être positif comme négatif parce que, la prochaine fois, ce sera pire. Donc c'est presque un droit de tuer qui met en condition un détenu s'il est acculé dehors.
En France, on a 3 prisons dignes d'Alcatraz : Clairvaux, Moulin, Lannemezan. Après 10, 20, 30 ans parmi les rebuts de la société, comment voulez-vous qu'on ne soit pas marqué dans sa chair, dans son cœur, en plus en prison on est encadré, on mange, on dort mais, une fois libre, on est perdu donc on va frapper à la porte d'un ex-taulard et ainsi se créer la récidive.
On dit : ils sont bien, ils ont du boulot, des stages ; on étudie, on fait du sport mais on ne sait pas que la prison est en train de créer un fauve en puissance.
Moi, je suis un délinquant professionnel ; je connais les règles du jeu et ses limites. Je sais ce qui est bien et mal et je situe la loi à sa place, donc la prison je sais la vivre et connais ma place. J'ai été incarcéré à l'étranger et je peux dire qu'on a un minimum de 20 ans de retard
C'est sûr, il faut payer sa dette envers la société mais dans des limites raisonnables.
La répression n'est pas la solution. Faut voir que dans l'enfance, il y a eu une cassure qui, au fil du temps, fait arriver le dérapage. Une longue peine, c'est quelqu'un qui doit gérer son temps au mieux ou il finit fou.

Mais avant d'en arriver à une longue peine, il faut s'occuper des jeunes des cités avant qu'ils ne plongent dans la criminalité parce que l'oisiveté fait que ça dégénère car ils se croient dans un film. Alors c'est aussi à la base de la société qu'il faut travailler et redonner des valeurs à cette jeunesse en perdition.

Georges

Comme un prêtre désabusé par la monotonie et l'impuissance du culte, le gardien de prison ne croit pas à la justice. C'est qu'il en voit les dessous. Au soir des audiences correctionnelles, quand la voiture cellulaire ramène les condamnés, le gardien de prison juge la justice et ses juges. Pendant la prévention, il a connu l'inculpé ; il l'a vu au naturel. Son poste d'observation vaut mieux que celui du procureur. Il a regardé l'homme, non l'acte. Il sait exactement ce que signifiait et méritait tel délit. Il a des points de comparaison, des souvenirs, toute une jurisprudence plus humaine que juridique. Il connaît aussi les magistrats, leurs manies, leurs vies secrètes, les heures fâcheuses de leur carrière. Il devinait avant l'audience sa conclusion. Gens de maison du palais de justice, les gardiens de prison en parcourent toute leur existence les couloirs mal balayés, les greniers emplis de dossiers oubliés, les antichambres douteuses. Pendant les suspensions, au café des tribunaux, ils écoutent la conversation impitoyable des chroniqueurs judiciaires et des petits rentiers, habitués clairvoyants des audiences. Il n'y a pas de grands hommes pour leurs valets de chambre ; il n'y a pas de justice pour les gardiens de prison.

Jean ZAY,
Souvenirs et solitude

Il est toujours aussi mince le passage entre le sentiment de justice d'une part et le sentiment de vengeance d'autre part. La révolution a détruit une prison, tout un symbole, pour devenir quelques années plus tard un régime de terreur.

Joël

QHS de Lisieux
3 novembre 1978, 18 heures
J'ai passé ma journée à regarder à la fenêtre. Tous les gens du quartier qui entoure la prison, je finis par les connaître. À 7 heures, je les vois partir à l'usine... Ils sont encore à moitié endormis... se pressent mécaniquement – midi, retour à la cité. 1 heure 30, re-départ à l'usine, 17 heures 30, retour à la cité – la machine capitaliste leur a sucé la sueur et la vie. Ils donnent au patron les temps de déplacements, ils donnent les temps de repos, et le cycle infernal reprend sans trêve dans ce quotidien asilaire. Le soir, ils s'emplissent pour se nourrir de n'importe quoi afin de revendre des forces, prennent leur dose de télé, ne parlent que budget de survie, les traites, la fin de mois... Leurs gestes sont vides... Leurs mots sont d'expression répétitive !...
Ils ne se rencontrent pas, surveillent les gosses pour qu'ils soient obéissants – bien sous tout rapport – ne les rencontrant pas, ne les écoutent plus, ne les vivent plus. Ils sont eux-mêmes trop fatigués, trop robotisés pour se poser des questions, s'entendre vivre... Être des vies dans les corps... C'est beau un corps vivant... C'est ce qu'il y a de plus merveilleux : l'existence... La vie qu'il y a à travers un corps ! Ils ne prennent pas le temps – de se regarder, de se caresser, de s'aimer à tous les moments de leur vie. Ils baisent comme s'ils faisaient une compétition. Leur schéma mental se limite. Ils vieillissent prématurément, leurs corps s'infirment... Pressés de produire, pressés de consommer les faux besoins, pressés de ne pas vivre, de ne pas être... Les villes sont là pour que viennent s'y greffer, se prolonger et se répéter sans cesse des reproductions humaines semblables, c'est-à-dire le manque à vivre normal. Quand je les vois de ma fenêtre... je ne me reconnais plus dans ce monde. J'ai mal pour eux ! Eux qui croient avoir à dire et ne disent rien. Eux qui croient avoir à vivre et ne vivent rien etc., la liste est longue. Leur liberté est de pouvoir changer de patron, pas de vivre sans, choisir leur maître électoralement, pas de vivre sans, de s'identifier aux normes. Pas de vivre sans. Avec leurs autos, ils peuvent se rendre librement à l'usine. Et de chez eux à la cité. Ils sont bien, ils sont heureux, qu'ils disent...

Roger KNOBELSPIESS,
Lettres de prison © R. K.

Perpétuité ? Un tunnel sans fin, dans lequel on finit par ne plus espérer voir au loin apparaître une lueur de sortie. Car il n'y a pas de limite dans le temps. C'est une chute interminable dont on perçoit à peine les différentes étapes qui produisent notre minutieuse destruction. La mort à petit feu, qui commence par la perte de toutes notions, affectives, familiales, sociales, si on ne parvient pas à entretenir un lien avec l'extérieur.
Tout étant fait pour que ce lien soit brisé... C'est la destruction progressive de toutes les facultés, morales, psychiques, mentales. Comme un obsédant sentiment d'inutilité, d'être un poids mort et lourd à supporter pour la famille, l'impression d'entraîner sa femme, son amie dans sa chute en brisant ou en limitant leur propre existence. Le sentiment de se voir vieillir pour rien. Pour personne. Pas même pour soi. Perpétuité c'est bien autre chose qu'une simple privation de liberté, c'est la négation de l'individu. Une parenthèse qui fait de nous des moitiés d'hommes. [...]
Perpétuité, la peine de trente ans incompressible, demain la perpétuité « réelle », le summum de l'inconscience (si on laisse faire), ce vide où l'idée même de rachat est sans objet, ne peuvent que faire de cette vie un néant.
Détruire l'individu, aussi sûrement que le faisait l'emploi de la guillotine. De façon moins rapide, certes, mais n'est-ce pas là justement ce qui fait toute la barbarie de l'alternative ayant remplacé la funeste machine ?

Laurent, Arles

Tu sais, j'ai 25 ans et je suis tombé en prison à 20 ans. Et depuis j'attends et je rêve de liberté. Ce qu'ils m'ont fait à Mende, on ne le fait pas à un chien dehors, sinon ça ferait un scandale. Nous, on nous frappe, on nous insulte, on nous fait boire de la pisse. Les gens, dehors, trouvent ça normal. [...] Il faut que je te dise, je ne suis pas croyant. J'ai perdu la foi vers l'âge de 17 ans quand, pour me nourrir, moi et ma famille, j'ai été voler des pommes de terre, des carottes, des choux. Une fois, je m'étais fait prendre et on m'avait frappé pour un peu de victuailles. Ils me reprochaient quoi : en fait de voler pour vivre. Depuis cet âge, je me suis dit qu'il y avait un bon Dieu pour les riches mais pas pour les pauvres. Si ma vie terrestre doit être un martyre, je dis non. Je vis donc j'existe. Oui mais pour quoi faire ?

Carman

C'est lorsque l'on est dedans que l'on se rend compte à quel point la prison est injuste.
Avant d'y être moi-même confronté, cela ne m'avait même pas effleuré. Comme chacun, je pensais qu'il fallait bien quelques barrières pour que la société puisse se défendre de ses mauvais éléments.
Aujourd'hui, si je n'ai pas de solution (que faire de quelqu'un de véritablement dangereux, récidiviste en puissance ?) je sais expérience à l'appui que la prison n'est pas une solution. On ne soigne pas le « Mal » par le « Pire ». Ici, l'homme n'est plus qu'un numéro. Son crime, son délit lui tient lieu d'identité. 10 m^2 pour vivre, survivre, quelques minutes de sortie par jour, une télé... La possibilité d'écrire, sachant que tout courrier sera ouvert et lu... lettres privées, lettres d'amour... Ma vie ne m'appartient plus. Je n'existe plus ou si peu...
Tous les délits, je crois, prennent naissance dans l'aspiration contraire : ma vie m'appartient, j'existe, mais ici, tout cela n'a plus lieu d'être. Toutes les décisions sont « administratives » : c'est la machine qui décide. Le créneau de mon existence est infiniment réduit. Moi qui déjà le trouvais trop étroit ; j'étouffe. Seuls mes rêves m'évadent de temps à autre de cet enfer. Je crie, je pleure mais personne n'entend... Personne n'écoute... Si quelques-uns sont attentifs, ils ne peuvent comprendre. L'isolement, par définition, ne se partage pas. Seul, mon stylo m'aide à survivre, il m'aspire vers l'évasion, vers l'ailleurs imaginaire ; le seul que je puisse atteindre dès lors. Les détails infimes de ma captivité prennent des proportions que nul ne peut imaginer, s'il n'en a lui-même fait l'expérience. Ici, tout se distord. Tout est disproportion. L'exemple devrait nous aider à nourrir nos faiblesses, la chaleur humaine à rectifier nos erreurs. Il n'en est rien. Ici, l'intolérance est de mise. La haine, la colère, la rancune, l'absence de compassion sont l'ordinaire des jours. L'ennui omniprésent se nourrit sans

arrêt d'histoires scandaleuses. Il me gonfle le ventre. La saveur est amère. Une justice qui punit, ce n'est pas la Justice.

Sébastien, Montpellier

En observant la vie de la maison d'arrêt et le visage de ses hôtes, je médite sur l'incroyable inégalité de la prison. Pour les criminels et les délinquants, leurs fautes fussent-elles les mêmes, l'inégalité commence avec le procès. Tel sera défendu par un grand avocat ; tel autre devra se contenter du défenseur d'office. Jugé dans la bonne humeur d'un matin printanier, l'un bénéficiera de l'indulgence ; l'autre subira, après déjeuner, les conséquences d'une mauvaise digestion du juge. Mais, quand la porte s'est refermée sur les reclus, l'injustice s'accroît encore. Il en est qui ont de l'argent au greffe, se ravitaillent à la cantine, reçoivent des colis et des visites ; d'autres qui, réduits à la gamelle, ne voient que les visages de leurs gardiens et de leurs compagnons de cellule pendant de longues années et n'ouvrent jamais une lettre, ni un colis. S'il est vrai que les épreuves physiques sont négligeables auprès des tourments moraux, l'inégalité pénitentiaire offre encore bien d'autres sujets de réflexion. La prison n'est pas la même pour le célibataire, pour l'homme marié et pour le père de famille, pour l'isolé et pour celui qui a des amis, pour le bien-portant et pour le malingre. Elle n'est pas la même pour le vagabond habitué aux rebuffades et pour l'homme auquel la société réservait des égards. L'un n'a guère changé de milieu ; l'autre doit étouffer tous ses besoins et toutes ses habitudes. Elle diffère pour le travailleur et pour le paresseux, pour l'homme attaché à la vie et pour celui qui s'en désintéresse, pour le croyant et pour l'incrédule. Comme la vraie souffrance est dans la pensée, que les privations intellectuelles pèsent cent fois plus que les maux corporels, l'homme cultivé et intelligent, jeté en prison, gravit un calvaire. Il mesure quel rapport étroit unit l'intelligence et la douleur ; il apprend que, pour l'être trop cérébral, existent des possibilités infinies de torture morale. Dans son cerveau se meut une diabolique mécanique qui le ronge, le mine, l'use lentement, le poursuit le jour, dans ses promenades comme dans ses méditations, la nuit, dans ses cauchemars comme

dans ses insomnies. Elle lui distille les mille façons de souffrir, découvre avec une imagination perverse tous les aspects de son épreuve, toute son absurdité, toutes ses conséquences, et, non contente de l'empoisonner de regrets dans l'évocation du passé, se sert de l'avenir pour le mieux supplicier, pour projeter sur un écran invisible les malheurs encore inconnus, les aggravations possibles, les catastrophes latentes. Elle lui présente une idée exagérée de la liberté, tente de lui arracher la confiance en soi et le goût du travail. C'est alors que cet homme apprendra à se connaître.
Et cependant le régime pénitentiaire jette pêle-mêle, dans les mêmes dortoirs et les mêmes ateliers, ces créatures si différentes, dont les fautes ne sont pas comparables – quelles contaminations n'en résulte-t-il pas ! Et comme on comprend que la prison soit un châtiment effroyable pour certains, une punition légère pour d'autres ! L'inégalité se poursuivra, d'ailleurs, après la sortie, car, suivant la situation sociale, la honte subie n'aura pas de conséquences ou brisera pour jamais une existence. La prison n'est dure que pour les meilleurs ou, si l'on préfère, pour les moins mauvais.
Un humoriste a proposé d'inscrire dans le stage des magistrats quinze jours de détention, afin qu'ils sachent ce que représentent exactement les peines qu'ils infligeront dans leur carrière. Comment le sauraient-ils, même à ce prix ? Pour doser sciemment un châtiment, comme pour apprécier une culpabilité, il faudrait avoir vécu toute l'existence de l'homme, connaître tous ses ressorts physiques et moraux. Rendre la justice est la plus insensée de toutes les entreprises humaines.

Jean ZAY,
Souvenirs et solitude

Quand il avait réalisé qu'on l'emmenait au mitard, il avait eu du mal à y croire. [...]
Ce que n'imaginait pas Franck, c'était cette crasse, l'aspect misérable de ce lieu sordide qu'il n'avait jamais connu jusque-là, depuis plus de huit ans passés derrière les barreaux. Il avait vraiment été saisi, de franchir ces portes lourdes, de découvrir cette atmosphère de Moyen Âge, de poussière, de saleté innommable. Combien de malheureux avaient été

enfermés en ces lieux ? Combien de « capital-souffrance » cet univers sordide avait-il accumulé ? Qu'avait donc vécu cette cellule où l'on poussait Franck à cet instant ? Impossible de concevoir qu'un tel lieu puisse encore exister à cette époque. Ce décor de cauchemar n'avait sans doute pas été visité par une quelconque autorité de l'extérieur depuis des lustres. Un sommier en béton ou en bois, excellent pour ceux qui souffrent du dos, un matelas pour la nuit qu'on vous retire avec les draps durant la journée. Il ne faudrait tout de même pas que le puni roupille confortablement la journée, c'est une punition sacrebleu ! Les autres uniques pièces du mobilier sont constituées d'une table et d'un tabouret, tous deux scellés dans le mur ou le sol et parfois même ils sont comme moulés dans la cellule, émergence en béton du sol et des murs. La cellule elle-même constitue alors à la fois la pièce et les meubles, œuvre sans doute d'un architecte frustré ou faussement imaginatif. Ajoutons un lavabo lui-même très solide et solidaire de son mur, et côté toilettes, rien. Oui, rien, enfin rien de civilisé ! Juste un seau hygiénique à faire vomir les plus endurcis, rien qu'à la vue. [...] La crasse, cette crasse permanente qui vous colle à la peau, que même les deux douches hebdomadaires ne parviennent pas à chasser. D'ailleurs, le lieu prévu pour la douche était si crasseux lui aussi que l'on se demandait si l'eau qui y était disponible n'était pas elle aussi crasseuse, pour ne pas dépareiller l'endroit. Les promenades qu'on refuse, parce que se promener dans un lieu sans horizon, sans ciel et aussi vaste que son cachot n'a rien de motivant. À quoi bon sortir puisqu'il ne s'agit pas de sortir mais de rentrer dans une autre forme de geôle, plus perverse peut-être. Entendre un peu de bruits issus de l'humanité, apercevoir un peu de ciel sous des grillages, deviner qu'ailleurs, la vie continue, quoi de plus pervers pour mieux faire souffrir le puni ! Autant se contenter de sa crasse habituelle, retrouver son stylo et les quelques rares objets familiers auxquels on a droit. Autant tuer les jours avec son univers auquel on s'habitue, plutôt qu'en supportant les contrastes douloureux. À vivre dans le noir, le regard s'habitue à l'obscurité, au point que la lumière trop vive devient une douleur.

Il en était de même pour la promenade, elle n'était qu'un contraste de torture, comparée à l'enfermement habituel.

Elle n'avait de sens que de rappeler au puni toute l'essence de la punition. Le simple rituel du maton qui ouvre la porte et annonce : « Promenade ! » était ressenti par Franck comme une humiliation de la plus atroce perversité. Comment l'administration pénitentiaire pouvait-elle s'arroger le droit de pervertir un tel mot, de le rendre misérable, de le souiller à ce point ? Se promener, c'est l'expression même de la liberté, d'une forme de bonheur faite de marche, d'air pur, d'espace pour les yeux et le corps. Avoir le regard qui se perd aux confins de l'horizon, quel luxe ! La prison prive l'humain de l'horizon ! L'horizon est confisqué avec la liberté, cela fait partie du lot commun du reclus. Franck se souvenait qu'au début de sa sortie, il avait eu du mal à apprécier les distances, en voiture par exemple. Privé d'horizon pendant des années, il n'était plus habitué à soumettre à son regard la mise au point de distance supérieure à quelques dizaines de mètres. Mais au-delà de cette confiscation de l'espace, Franck songeait que la plus grande perversité du système était dans la façon que la société avait de concevoir la prison. Le mitard en était l'expression la plus crue et la plus dépouillée, comme un fruit amer débarrassé de sa gangue, plus d'habillage, la réalité est exposée à l'état brut. Le mitard, son but est d'enfermer, d'isoler et de donner à cet enfermement un sens de punition le plus strict possible. Cruelle punition, oui ! Le mitard, expression la moins travestie de l'enfermement tel que le système le conçoit. Ce lieu semblait à Franck le dernier niveau de déchéance dans la détresse humaine. Dire que certains passaient quarante-cinq jours dans cet enfer, sans voir personne que des matons trois fois par jour au gré des relèves ou des repas ! Comment peut-on humainement priver un individu du droit de parler à ses semblables ? Franck se souvenait qu'après sa sortie du mitard, il s'était senti déprimé, plus marginal encore et il avait eu un peu de mal à se remettre à parler avec ses collègues. Après la censure du mitard, le retour au bruit et à la vie carcérale normale est difficile. Pour Franck, ce « séjour » n'avait duré que dix jours. Dix jours qui lui avaient semblé une éternité, deux week-ends de ténèbres ! Le passage au prétoire lui avait laissé un amer goût d'injustice dans la bouche. Une vraie mascarade organisée par l'autorité pénitentiaire. Il avait eu le sentiment que c'était comme une distraction, un jouet pénitentiaire, on jouait à rendre la justice ! Pour certains, c'était carrément jouissif, l'occasion d'affirmer son autorité écrasante, quel pied pour le maton frustré !

Octave

En 1980, le milieu carcéral n'avait pas encore basculé vers cette idée. L'administration pénitentiaire gérait tout. L'entretien des locaux, les repas, les soins médicaux, l'hygiène, les cantines (limitées au minimum), l'habillement, la literie, les affaires et les produits de toilette... Le détenu disposait d'un petit pécule qu'il recevait sous forme de mandat. Peu à peu les cantines ont été élargies ; acceptation des effets personnels, amenés et sortis par les parloirs ; la possibilité de faire entrer des draps puis des couettes, l'achat des produits d'entretien ont été mis à la charge du détenu, de même pour les produits de toilette ; l'hôpital délivra les soins médicaux ; l'entretien des locaux fut mis à concurrence par une offre de marché ; de même pour les repas ; le moyen de disposer d'un plus gros pécule à la charge des familles ou d'un travail effectué au sein de l'établissement. En même temps, l'infrastructure se modifia, surtout les centres pour longues peines, aménagements de complexes sportifs et la possibilité pour des magasins de sport de venir faire de la vente à domicile. Du strict minimum, la condition de détenu est devenue celle d'un consommateur à part entière, créant ainsi le même syndrome que l'extérieur, un fossé social. Certains continuent à ne rien avoir ou le plus rigoureux minimum, quand d'autres peuvent avoir tout ce qui est permis. La prison qui se devrait être l'endroit par excellence qui nivelle les différences sociales s'est peu à peu mise à la couleur des inégalités.

Joël

Rien ne ressemble plus à une prison
Qu'un poing fermé.

Bernard

Il se passe des choses au quartier disciplinaire que vous devez ignorer. 1) La nourriture est rationnée. Les aliments sont mélangés et placés dans une seule assiette. Nous disposons de couteaux en plastique si bien que lorsque nous avons de la viande, il nous faut la déchirer avec les dents. 2) Certains matelas sont dans un état de saleté repoussante. Tachés. Tout comme les couvertures. 3) Les soins sont souvent « oubliés ». Si les détenus réclament leurs médicaments et si, à force de demander en vain, ils tapent contre leur porte, ils sont tabassés. 4) En dix jours de mitard, trois détenus ont été tabassés...

Jean-Michel

Rien n'a changé dans les prisons, c'est le non-droit qui y règne...

Joël

Le port des effets fournis par l'administration. Chose contre laquelle j'ai immédiatement protesté. Bien entendu, dès mon arrivée, j'ai refusé ce que les autres acceptent. Il est écrit dans le Code de procédure pénale qu'il faut limiter au minimum les contraintes carcérales. De ce fait, je ne vois pas en quoi il est nécessaire d'uniformiser les taulards. Dans la mesure où cela ne nuit ni à la sécurité ni à la bonne marche de l'établissement. J'ai toujours refusé la dépersonnalisation de l'individu. C'est un point essentiel pour la réinsertion. Il faut que le type se sente vivre, et pas pris dans un carcan pénal.

Jean-Michel

Nos réactions ne sont que les fruits du milieu, de l'heure, de l'action. Quand on est devant les autres, dans l'enfer d'un HLM ou d'un bidonville ou dans la foule anonyme, méprisante, la solution la première, abrupte, est d'abord d'agresser. J'entends démontrer sa différence, sa marginalité ; briser en mille morceaux les règles du jeu, abattre les murs de la connerie, des lois, des préjugés, faire admettre (le moyen importe peu) le fait qu'on existe, le fait qu'on EST !

Willoquet

Petit peuple, de l'endroit où je me trouve, là même où tu as voulu que je sois, je t'observe ! Je t'ai permis de soulager ta haine et ta révolte à travers ma triste existence. J'y ai perdu ton âme, y ai gagné ma répugnance. J'ai souffert de la mort donnée, souffert de l'avoir demandée. Je ne te suis pas comptable, mais redevable d'une vie. Et pour toi, âme du petit peuple qui continues à souhaiter la misère de l'autre pour soulager la tienne, la pitié n'est pas seulement un sentiment divin. On peut aussi l'expliquer autrement.

Joël

J'ai eu beau chercher dans le Code de procédure pénale, tout comme dans le règlement intérieur des prisons, ainsi que dans le Droit pénitentiaire, à aucun endroit il n'est stipulé que lors d'une fouille les détenus doivent s'accroupir et tousser lorsqu'ils sont nus. Pour l'avoir refusé, jugeant cette mesure humiliante, nous avons été conduits au quartier disciplinaire...

Jean-Michel

Fermeture

J'ai trente ans, je suis infirmière et je viens de passer un mois en prison. Seulement un mois.
Je témoigne pour Patricia. Depuis six mois, elle ne voit pas ses enfants. Les permis de visites sont signés, mais ne sont pas arrivés à la maison d'arrêt.
Je témoigne pour Marie. Claustrophobe, les gardiennes l'ont retrouvée deux fois à terre sans connaissance. La solution proposée : trois Témestat dans la journée.
Je témoigne pour Murielle, analphabète ; en prison chaque demande doit être notifiée par écrit.
Je témoigne pour Tiba. Elle a risqué le mitard pour s'être révoltée contre une fouille trop rapprochée.
Je témoigne pour Sophie. Deux tentatives de suicide en un mois ; néanmoins, elle est restée seule en cellule...
Je témoigne pour toutes celles qui cousent les drapeaux

français et peignent les bonhommes Michelin, six heures par jour pour moins de mille francs par mois.
Maison d'arrêt d'Osny (près de Cergy-Pontoise). Prison Chalandon. 500 hommes et 60 femmes seules en cellule, filles des banlieues environnantes pour la plupart. Cellules relativement confortables, chauffées, possibilité de louer la télé pour deux cents francs par mois, papier toilette, 1,80 F le rouleau. Tout s'achète. Les plus riches ne peuvent pas acheter pour les plus démunis. Les indigents (c'est le terme employé) mendient par écrit à l'administration.
Prison propre, nettoyée par les détenus ; prison moderne. Partie commune surveillée 24 heures sur 24 par caméras. La nuit, les portes à fermeture électronique claquent, bruits de clé, œilletons qui s'ouvrent, flashes de lumière dans la cellule... On ne sait jamais. Impossibilité de dormir plus de trois heures d'affilée.
Fouilles des cellules impromptues, fouilles corporelles idem. Lettres ouvertes avant d'être distribuées, douches obligatoires communes tous âges confondus.
Il faut ravaler sa pudeur et retrouver son intimité au plus profond de soi...
Les lieux de communication et de rencontre sont inexistants. Cris, interpellations de fenêtre à fenêtre, frustrées nous nous rattrapions en sport, en cours (être attentif à l'enseignement donné relève de l'exploit).
La promenade : une cour goudronnée. Penser à ne pas tourner toujours dans le même sens. Marcher défoule.
J'ai appris le verbe attendre. Je le connais profondément, il m'a accompagnée, harcelée. J'ai passé mes journées à attendre, attendre que la porte s'ouvre, attendre que quelqu'un décide pour moi, le juge, l'avocat, la prof de sport, la gardienne.
Attendre les visites quand elles sont autorisées ; une demi-heure trois fois par semaine sous le regard des gardiens. La France est en retard, l'Espagne permet des parloirs intimes de deux heures.
J'ai passé un mois à me sentir lentement, insidieusement dépossédée de tout acte de volonté. Ici, être acteur de sa propre vie ne veut plus rien dire, nous sommes complètement dépendants, infantilisés. Même les relations avec l'extérieur n'existent que par la volonté d'une seule personne : le juge. Lui décide quelles correspondances, quelles visites je peux recevoir. Le téléphone est interdit.

Le règlement général casse toute initiative, toute solidarité, tout geste d'amour. Les gardiennes elles-mêmes s'abritent derrière le règlement intérieur. Un geste d'amitié, de compréhension les engagerait dans un processus qu'elles ne pourraient humainement supporter.
Ceux qui pourraient éventuellement aider ne sont pas là. Il y a deux éducateurs pour la prison, hommes et femmes réunis.
J'ai lutté pied à pied pour ne pas me considérer moi-même comme un numéro, pour garder ma dignité. Je savais lire et écrire le français ; j'avais de l'argent ; j'étais en bonne santé et particulièrement soutenue par ma famille et mes amis. Et surtout, surtout, je savais au fond de moi que je n'allais pas y rester trop longtemps. Mais les autres ?
Je hurle maintenant quand j'entends le mot réinsertion. Comment peut-on parler de réinsertion ? Comment se réconcilier avec la société si celle-ci n'offre aucun tremplin, aucune ouverture, aucune lumière ?
Les femmes que j'ai connues sont pour la plupart victimes du cercle vicieux : crise économique, délinquance, violence, banlieues, tant décrites par les médias. La prison que j'ai connue ne peut que renforcer leur révolte et leur détresse (la drogue est remplacée par les calmants, très largement distribués). Au lieu de stopper un processus de destruction, elle l'approfondit.

Sylvaine

Jeudi (2)

Jeudi jour de Jupiter. Jour du père du jour et de la lumière. Du magistrat suprême. Du Dieu qui châtie. Du maître de la foudre et de l'orage. Jour de l'ordre souverain. Jour de la loi, du respect de l'ordre moral et social, de l'autorité, de la justice. Combat de l'équilibre et du chaos.

Vous deviez expier votre faute. Racheter votre écart au prix fort. Le regard muet de vos victimes l'exige. Ce regard que, bien souvent, vous n'avez jamais croisé. Ce regard égaré qui parfois ne peut même pas mettre un visage sur la cause de sa souffrance et qui exprime tout simplement l'infinie tristesse de la déception.

Vous ne le rencontrerez, ce regard muet, ni dans les yeux des surveillants, ni dans ceux du juge, de l'avocat, des greffiers ou des policiers. Il est immatériel. Il vous épie à chaque instant. Il habite le jour qui filtre dans votre cellule. Il épaissit la nuit qui l'interrompt. Il est capable de sourdre au rythme de votre transpiration. De chuinter avec l'eau des toilettes. De flotter dans l'odeur fade de la soupe, lorsqu'elle vient se mélanger à celle qui reste fixée sur les murs de chaque cellule : odeur de tabac froid, de sueur ancienne, de tinette, de pharmacie et d'eau de Javel. C'est lui, toujours lui, ce regard muet, qui habite vos tout petits matins. C'est peut-être son pas qui passe derrière la porte de votre cellule, c'est peut-être lui qui vous observe à travers l'œilleton. Peut-être l'avez-vous entrevu dans le regard de vos visiteurs, dans celui des « gitons » qui se prostituent pour cantiner, sur le visage baissé de ceux qui passent ici comme des ombres qui voudraient se faire oublier par l'œil goguenard des caïds qui les rackettent. Vous l'avez sans doute dévisagé dans votre miroir ce regard muet, tapi au sein de votre propre regard, le lendemain soir de votre première incarcération. Il contenait tout l'effroi de l'adulte qui vient de réaliser qu'il avait perdu pour toujours le chemin du pays de sa petite enfance...

Il incarne la fermeture des visages cassés ; il a l'éclat blessé des yeux de la femme violentée, le reflet hagard de ceux des enfants battus et sodomisés, il a l'expression incrédule et figée des yeux des égorgés ; il a les pupilles dilatées de tous les morts par overdose ; il porte l'épouvante, le chagrin et les paupières baissées des faibles, des naïfs et des malingres, des estropiés de la vie, de tous ceux dont un jour la confiance fut trahie ; il porte à son tour toute la misère du monde, dans un univers où les coupables deviennent à leur tour des victimes, où les voleurs se dévalisent les uns les autres, où les assassins s'assassinent...

Il est glauque, le regard du remords, tant il semble chargé de regrets et de désespérances, soulignant l'irréversible détresse qui unit toujours en fin de compte les bourreaux et leurs victimes. Il a le visage laiteux du soupirail, de la lucarne, du conduit de lumière qui finit toujours par laisser passer un soupçon de clarté dans le périmètre de son œil borgne.

Et même si la prison vous use, et même si la prison vous brise, et même si chacune de vos victimes plante sous votre peau l'écharde du souvenir, rien n'effacera jamais la cassure et la misère infinie des âmes que vous avez brisées...

Et même si chacune d'elles finit en fin de compte par vous pardonner, vous porterez en vous pour toujours et jusqu'à votre dernier souffle l'instant précis de sa déchirure : un peu comme le bruit sourd et mat de l'oiseau qui tombe et dont les ailes s'écrasent sur un trottoir éteint.

Ouverture

Malheur à celui sur lequel se referme la porte d'une prison et qui n'a point de vie intérieure, qui ne saura s'en créer ! [...] Tout captif sensible aura fait la même expérience. [...] En se rappelant l'homme qu'on a été, en faisant l'inventaire de ses erreurs et de ses faiblesses, dans la lucidité que donne la solitude, on se prépare mieux à comprendre l'homme qu'on doit être, l'homme qu'on sera. Effort qui n'est jamais débilitant, mais souvent pénible et qui vous réserve, selon le rythme des événements du dehors ou même des variations de la température, des hauts et des bas successifs, des alternatives extrêmes de certitude ou de

désespoir. Tantôt on éprouve la conviction des jours meilleurs qui vont venir, on se sent traversé par un ardent désir de ressusciter, de renaître à une vie nouvelle ; on se croit assuré de son destin, car on vient de découvrir que, dans la liberté reconquise, on fera sans peine ce qu'on voudra, avec la connaissance du prix du temps. Tantôt, une vague de doute, de scepticisme, vous submerge ; elle noie tous les calculs, recouvre de son flot sombre les paysages imaginaires. On perd pied et l'on étouffe. [...]
Lentes journées du prisonnier, écoulées dans l'attente obscure de ce je ne sais quoi qui vous tourne avec avidité vers la porte, dès qu'elle s'ouvre, qui vous fait lever subitement de la chaise ou du lit pour parcourir la cellule de long en large dans une promenade sans but, et qui vous ramène toujours inassouvi dans le même coin, sur le même livre ou le même rêve ; vous ne pouvez puiser votre patience, votre force, votre victoire, que dans l'unique vertu saluée par Bossuet : « Vous le savez, fidèles, de toutes les passions la plus charmante, c'est l'espérance. »

Jean ZAY,
Souvenirs et solitude

Monsieur et cher protecteur,

Veuillez m'excuser si je me permets encore de vous écrire mais plus que jamais je sens le besoin d'épancher toute ma peine.
Sans me connaître, alors que tous me délaissaient, vous avez bien voulu par vos lettres, pleines d'affectueux encouragements, me rendre, de temps à autre, le courage qu'il me faut pour supporter une pareille épreuve qui, si elle est dure pour bien d'autres, est peut-être plus terrible pour moi, qui n'avais jamais connu cette horrible société à laquelle je vois liée mon existence.
Je vous remercie du fond du cœur, de ces marques de commisération que vous m'avez données. Je les ressens plus vivement encore, maintenant que je me sais plus abandonné que jamais.
J'avais formé, vous le savez, un recours en grâce, dans le courant du mois d'avril dernier. Je viens d'être informé qu'il avait été rejeté.

Je sais bien que j'ai mérité une peine sévère, je sais bien que la Société a le droit et le devoir de châtier durement ceux qui commettent un crime comme moi, quelles que soient les causes qui aient pu le motiver.
Mais je pense cependant que le condamné peut attendre quelque pitié, lorsque ce crime il l'a commis dans un moment d'aberration passionnelle, et surtout lorsque son repentir est vraiment sincère, lorsque tout un passé de vie honnête et de travail plaide en sa faveur.
Dois-je désespérer à tout jamais ? Faut-il que je me fasse définitivement à l'idée que je suis ici pour tout le reste du temps auquel j'ai été condamné ?
Je vous en prie, cher Monsieur, traitez-moi en homme, et veuillez me dire, sans détours, ce que vous pensez de ma situation et si je dois renoncer à tout espoir.
Je souffre de toute façon. Je souffre, dans le silence des nuits, de tous les remords qui m'assaillent ; dans le jour, je souffre autant de me voir bafoué, méprisé, par ces compagnons forcés de misère, qui me traitent comme un des leurs, en y joignant toutes les épithètes dont ils se font un jeu d'accabler un Juif.
Je ne veux pas me plaindre plus longtemps, mais c'est un adoucissement à ma peine que de pouvoir exhaler librement auprès de vous toutes mes douleurs.
Soyez assez bon pour m'écrire quelques mots, pour me dire si je pourrais plus tard, lorsque vous jugerez le moment opportun, compter sur votre appui. Je pourrai peut-être alors reprendre quelque courage et je vous affirme que j'en ai bien besoin, car je me sens totalement abattu.
Je vous remercie une fois encore bien sincèrement de vos bonnes lettres, et j'espère que sous peu vous m'apporterez une fois de plus des paroles de consolation, les seules qui puissent me faire un peu de bien désormais.
Veuillez agréer, cher Monsieur et protecteur, l'assurance de ma profonde gratitude et de mes sentiments les plus dévoués.

Chalom, Maison centrale de Beaulieu, 1908

La captivité constitue pour celui qui veut, non seulement résister physiquement et moralement, mais tirer de l'épreuve la part de bienfait que, comme toute chose humaine, elle peut comporter, une rude école de discipline et de maîtrise de soi. Dès les premiers jours, on aperçoit quelles précautions défensives seront indispensables. Ce sont les plus urgentes : elles concerneront sans doute les soins du corps, la nécessité de s'imposer chaque matin cette demi-heure de culture physique, qui entretiendra à tous points de vue une curieuse euphorie, ou, deux fois par jour, la promenade la plus longue possible au pas accéléré dans la cour, pour compenser les interminables heures de claustration. Mais, bien qu'il faille une certaine volonté pour ne se jamais départir de ces obligations monotones, elles ne seront pas les plus difficiles à accepter. Les plus difficiles sont morales. Le péril grave qui plane sur le prisonnier, surtout s'il était habitué aux besognes intellectuelles, c'est la perte de la confiance en soi et du goût au travail. En cellule, sans travail utile, sans occupation obligatoire, la tentation est grande de tuer le temps par l'inertie, de raccourcir la journée en restant au lit. On l'allongerait en réalité, en la plongeant dans le spleen, dans un lent écœurement de tout et de soi-même. Le captif clairvoyant fera l'effort de se lever de bonne heure et de se créer de menus travaux auxquels il donnera, quelle qu'en soit la nature, le caractère d'une impérieuse obligation. Certains seront récréatifs, mais d'autres devront être fastidieux, pour donner leur prix aux premiers, et à la journée une vraisemblance : « Si ce n'était pas ennuyeux, ce ne serait pas amusant », disait un grand peintre, qu'on s'étonnait de voir absorbé dans d'ingrates esquisses. Pas une minute ne devra rester oisive si l'on veut ne point ouvrir la porte à l'ennui, « ce monstre délicat ». C'est par là seulement qu'on peut, entre quatre murs, chasser l'ennemi impitoyable, qui est la pensée lancinante du sort qu'on subit : idée insupportable, démoralisante, qu'il faut bannir à tout prix. Or la tâche est rude, car l'homme s'habitue facilement à toutes les contraintes physiques, mais fort mal aux contraintes morales ; l'idée lui pèse plus lourdement que le fait ; il en prend malaisément son parti ; l'esprit est plus fier que le corps. Dans la vie courante, on peut généralement bannir une pensée gênante ; il suffit parfois de changer de cadre, de la dépayser, pour la mettre en fuite. Ici tout la rappelle : les murs et les serrures, les grilles de la fenêtre, la solitude, le silence, y ramènent incessamment. Cette idée débilitante, on vit sur elle. Elle est incorporée au lieu et aux gestes. Il faudrait ne pas ouvrir les

yeux pour la perdre de vue : et encore en rêve-t-on la nuit ! Aucun effort ne devra paraître trop coûteux pour se rendre maître de la pensée, comme d'un champ de bataille d'où l'on chassera l'ennemi vaincu.
La discipline ainsi conquise servira bientôt à un lent enrichissement et l'assiégé, après avoir écarté l'adversaire de ses murailles, pourra aménager sa retraite. Il la rendra habitable, féconde même et parfois agréable. Nouvel et laborieux effort, car il lui faudra d'abord apprendre à dédaigner ce qu'il a perdu. Or, l'on a toujours tendance au contraire à exagérer le prix de ce dont on est privé et le captif se fait, par exemple, une idée excessive de la liberté. Il ramènera peu à peu à de justes proportions les agréments qu'on trouve dans la compagnie des hommes et méprisera, comme le renard de la fable, qui était un sage, ce à quoi il ne peut plus prétendre. En même temps, il découvrira une nouvelle valeur à tout ce qui lui reste, si peu que ce soit ; chaque plaisir, chaque distraction, il les pressurera jusqu'à en exprimer les moindres sucs. Une lettre, une lecture, une visite, qui lui eussent paru naguère insignifiantes, il voudra que ce soient des événements, dont il prolongera jalousement le retentissement intime. En fait, il lui faudra réviser toutes les valeurs connues. Les tables nouvelles auxquelles il aboutira auront la chance d'être beaucoup plus exactes que les anciennes.

Jean ZAY,
Souvenirs et solitude

Comme tout un chacun, j'avais une vision propre du monde carcéral. J'avais, je peux le confesser, un regard critique à l'encontre de ceux qui vivaient dedans. Lieu qui renfermait tout le miasme du genre humain, toute l'émanation morbifique de l'espèce : voleurs, violeurs, assassins, et escrocs de tout acabit. Il ne m'était jamais venu à l'esprit de passer un séjour, fût-il court, dans un endroit pareil. [...] En bon citoyen français, je ne redoutais pas les hauts murs qui étaient réservés au chiendent que la société parquait en pensant qu'elle avait assez d'humanité pour ne pas les exterminer. Il y avait pour moi, en ce temps-là, de la grandeur à écarter de tels individus jusqu'à m'entendre dire : J'mourrai plutôt que d'aller en prison... Mon idée était bien arrê-

tée, définitive, la mort était préférable à l'enfermement, à un monde clos où la violence devait être quotidienne, une survie permanente pour ne pas se faire sodomiser dans un coin par une bande de sales gueules ; comment survivre au milieu des cafards sans risquer de me faire faire une boutonnière ou un sourire élargi ?
J'étais l'archétype du beauf qui avait des avis sur tout sans jamais douter de leur véracité. D'ailleurs j'aurais cogné si on m'avait contredit. J'étais ça ! Haineux envers ceux qui volaient, agressaient les p'tites vieilles, violaient les p'tites filles... Ils étaient à mettre tous dans le même sac, bons à noyer comme une portée de chats, au fond d'un puits recouvert de parpaings pour étouffer leurs cris. Je me souviens que cet avis était courant dans mon environnement. À la campagne on ne s'embarrassait pas de fioritures ou de scrupules, le discernement était vite fait. L'amalgame était facile et arrangeait tout le monde, et puis, qui pouvait avoir de la compassion pour des taulards ?

Joël

Une société est en droit de se défendre, comme le ferait tout corps agressé pour sa survie, à la condition que les sanctions prises ne soient pas pires que les actes commis. La société serait à son tour coupable d'abus et de non-observance des lois. Que son exercice ne soit que l'action de personnes dont la fonction se résume à l'application des textes et rien d'autre.

Joël

Fresnes, le 28 octobre 1985

Très cher Benoît, J'chui content que ce soit la semaine. Tu sais, je n'aime pas les week-ends ; j'ai l'appréhension. Depuis petit, j'ai peur d'un week-end ; c'est à croire que je vais mourir un week-end. Ma petite grand-mère était comme moi ; elle est morte à 84 ans, un week-end, du cancer du poumon, aveugle en plus depuis vingt ans passés. Gentille femme ; j'ai tout perdu avec elle. Rien pour mon transfert ce matin. Décidément, on prend son temps... Est-ce que le monde carcéral laisse l'espoir de sauver ou

guérir l'homme de ses méfaits ? Non ! Pourtant, ce devrait être une espèce d'hôpital la prison ; nous sommes ici pour nous écouter pour raisons de sécurité et aussi pour donner remède ; mais voilà, la doctrine judiciaire n'a rien prévu d'autre que la répression, ce qui, le plus souvent, abrutit l'individu au lieu de le guérir ; car il y a beaucoup de détenus qui ne demandent qu'à prouver leur bonne volonté, réparer et changer même leur façon de vivre, mais le système les contrarie. Je dis cela parce que je vis dans ce monde ; aujourd'hui c'est comme cela, demain c'est autrement ; rien n'est stable, la structure est faite pour amadouer et gagner du temps pour la sécurité, mais la logique n'est pas là ; dommage, d'ailleurs, car s'il y avait une logique, je pense que par là le détenu connaîtrait la sagesse.
Il fait très très froid en cellule. Je suis aussi à la dernière cellule, donc j'ai l'arête, deux murs d'extérieur, ça ne réchauffe pas l'intérieur des murs. J'ai deux pulls et la goutte au nez, je suis fragile tout de même... !
C'est toujours bleu à l'endroit où l'araignée m'a mordu. Je disais « lipiqué », mais l'araignée ne pique pas, elle mord. Ça fait une petite plaque bleue, comme si j'avais eu une piqûre, mais il faut dire aussi que le froid fait cela.

À bientôt Benoît.

Michel, Fresnes

Monsieur,

Je me permet de vous contacter dans le cadre du projet de recueille que vous allez lancés sur Radio France. Je serais le plus sincère possible sur se que je ressents dans cette épreuve qui est l'incarcération. J'espère que vous ne ferais pas trop attention aux fautes d'hortographe. Car je ne suis pas un prof de français. En prison, tout est différent, rien ne ressemble à dehors. Pourtant j'avais entendu que s'était le reflet de la société et bien laisser moi vous dire que tout n'est pas vrai. Je compare beaucoup la prison à une époque, le moyen-âge. Tout y est moche, et on nous y rabaisse sans cesse, on a l'impression de ne plus avoir aucun rapport avec la société, on ne lui ressemble plus. On ne fait plus partie de cette vie, comme si on était dans un autre monde. Dans ma cellule, il n'y a même pas d'eau chaudes, quelques fois je me demande comment on fait à vivre comment çà. La vie en prison est dur, mais je pense qu'on s'abitue à tout. Bientôt, je serais libérée, j'ai hâte que le maton me dise « pacquage libérable ». Mais je suis angoisser énormément parce que j'ai tout fait pour au moin avoir un stage à ma sortie. Mais s'est très dûr. Vous savez que je risque de ne rien avoir à ma sortie, alors je vous laisse imaginer se qui va se passer quand j'aurais passer la « grande porte ». Ici, j'ai appris à avoir peur, à me méfier de tout. Bref, à ressembler à un prisonnier. Je pensais être mieux en sortant, mais j'ai l'impression que mon problème s'est empiré. En France, il y a vraiment un problème avec les prisons, il y a tellement de choses qui ne vont pas, que s'est difficile de tout dire sans oublier quelques choses. La prison est aussi très moral. Je m'explique. Tellement de choses nous passe par la tête, il faut penser à tellement de choses en même temps. Dans ma tête, tout se mélange, sa m'est difficile à tout remettre en ordre. Dans la cellule, tout y est sale ! ! La bouffe y est vraiment pas bonne pour rester poli. Les cantines sont les bienvenus, mais si on a de l'argent, autrement imaginer un peu. Le malaise est grand et infernale. Voilà, je termine en vous disant que si ma lettre où seulement une ligne est retenue se serait pour moi un grand pas pour faire progresser « la prison ».

Veuillez agréer Chers Monsieur, mes salutations les plus distingues.

Christophe, Metz-Queuleu

Ce soir, c'est très très bruyant en face du bâtiment. Beaucoup de vulgarité, des mots bien taulardés, du moins la mentalité ; chacun sort de sa personne, alors tu comprends, deux cents voix... Tu vois aussi pourquoi je ne veux pas rester dans ce monde. La seule culture qu'ils cherchent, c'est le mauvais mot pour en exprimer une colère ou une sympathie. Je n'arrive pas bien à comprendre, bien que je ne sois pas un ingénu ; j'ai sûrement des mauvais mots, mais je fais mon possible pour ne pas en dire. Non, je suis un prisonnier, mais je ne veux pas devenir taulard. À chacun sa mentalité. Je préfère, avec toi et avec ton aide, rester un prisonnier, le Michel qui accepte sa peine. Me durcir, je ne le veux pas, bien que la vie ici soit dure, mais j'essaie d'être pour tout en étant contre, c'est-à-dire de penser avec philosophie ce que j'éclate au fond de moi-même avec répugnance. C'est cela le combat pour survivre ici.

Michel, Saint-Maur

« Tous les prisonniers finissent par se ressembler en quelque chose, a écrit Anatole France. Le régime qui leur est commun détermine en eux certaines anomalies particulières par lesquelles ils se distinguent à la longue des hommes qui vivent librement. » De son côté, Ludovic Naudeau, après un séjour dans les prisons russes, constatait : « Très vite, pour les infortunés qui y végètent, la prison devient un monde, un monde circonscrit, restreint, mais un monde où toutes les caractéristiques particulières à chaque être humain continuent à se manifester, où le bavard pérore, où l'organisateur tend à organiser et où le voleur persiste à voler. »

Remarques nullement contradictoires. La promiscuité de la prison, le nivellement brutal qu'elle opère émoussent dans le troupeau des captifs tout ce qui était habitudes sociales, mécanismes acquis, conventions. Les prisonniers finissent par se ressembler entre eux comme des galets que le flot a longuement roulés les uns contre les autres. Les « anomalies particulières » qui les distinguent peu à peu des hommes libres sont surtout une espèce de réserve craintive, d'hésitation sournoise dans les gestes et les paroles, une sauvagerie rancunière. Mais, en même temps, les ressorts profonds de l'individu se sont révélés, accentués. Ce qu'il y avait de plus original en lui, de plus instinctif, bon ou mauvais, a dominé le reste. Plusieurs se transforment en types purs, qui pourraient servir à l'étude d'une passion, d'un vice, d'une manie, d'une force d'âme.

À Clermont-Ferrand, du haut de ma fenêtre, qui dominait la cour intérieure de la prison, j'ai pu contempler des journées entières, à travers mes barreaux, ces échantillons divers d'humanité. J'ai vu le révolté, toujours hargneux, en bataille, dressé contre chaque exigence du règlement, méprisant ceux de ses compagnons qui n'écoutaient pas ses conseils séditieux et promenant toute la journée, d'un bout à l'autre de la cour, d'un pas fébrile, son corps frémissant, son visage convulsé. J'ai vu l'indifférent qui, au sortir du dortoir, à peine réveillé, allait s'accroupir dans le caniveau ou à l'angle du mur pour continuer d'y dormir, n'émergeant de sa torpeur que pour étendre la main à la distribution des gamelles et en absorber le contenu, sans même le considérer. J'ai vu l'adaptable, l'heureux caractère capable de se plier à toutes les situations et d'y aménager sa quiétude ; celui-là organisait des jeux bruyants dans la cour, racontait de joyeuses histoires, remontait les défaillants d'une claque dans le dos. Au bout de quelques semaines, il s'était fait employer à la cuisine ou au greffe, s'était incorporé à la machinerie pénitentiaire, semblait avoir toujours vécu dans ce lieu, en être l'émanation, le produit naturel. J'ai contemplé dans son désespoir, asphyxié comme un poisson sur le sable, l'être délicat qu'une aventure ou une opinion avait jeté en prison et dont chaque pensée, chaque mouvement, se blessait aux angles des couloirs, se heurtait aux barreaux, aux grilles : visage douloureux, perpétuellement tendu dans une attente anxieuse, tour à tour agité par une espérance ou accablé par une déception, sensitif déchiré à chaque pas, jusqu'au jour où, le temps faisant son œuvre, une sérénité chèrement acquise baignait son visage d'une mélancolique sagesse. À ses côtés, le dévisageant sans fraternité, passait l'habitué, l'hôte périodique de la prison, vieux vagabond ou jeune voyou, prudent et méthodique, qui savait dès son arrivée où s'asseoir, à qui parler, comment obtenir une couverture ou une cuillère, soins essentiels.

La nuit venue, la cour vidée, le troupeau parqué dans les dortoirs, mille bruits étouffés, toujours les mêmes, permettaient à l'imagination de ne point perdre contact avec ces spectacles, à présent invisibles. Des chants nostalgiques ou cyniques, des propos de parties de cartes, des querelles, des discussions passionnées montraient que, dans les ténèbres, chacun demeurait fidèle à lui-même. Ce qu'on imaginait aussi, sans en rien percevoir, c'étaient les lourdes insomnies, les corps qui se retournent sur la paillasse, les songes brûlants, toute la vie mystérieuse, pitoyable et menaçante, d'une nuit de prison.

Jean ZAY,
Souvenirs et solitude

Le 3 décembre 1986

Monsieur, Madame

Je vous prie tout d'abord de m'excuser pour avoir pris la liberté de vous écrire, et j'espère que vous ne m'en tiendrez pas rigueur, bien que vous avez toutes les raisons de me haïr.

Je suis le personnage sensé avoir commis le cambriolage de votre appartement. Mais que je le sois ou non je vais devoir répondre devant la justice de votre cambriolage. Que je sois l'auteur ou pas puisque je dois répondre pour ce vol, je vous fais des excuses bien que cela n'efface pas le mal que je vous ai fait.

Pour ceux chez qui j'ai pénétré j'ai fait mon possible pour ne pas faire trop de dégâts et ne pas trop déranger vos affaires. Ceci non plus ne constitue pas une excuse. J'ai pu lire votre déclaration et je constate que vous ne m'accablez pas et je vous en suis reconnaissant : vous êtes des braves gens que j'en regrette d'autant plus pour le mal que je vous ai fait.

Aujourd'hui, je le paye par la prison ; je le paye en ne voyant plus mes enfants, et je l'ai payé par ma détention en Valais où j'ai été enfermé dans un cachot sans eau pour me laver, en vivant 24 heures sur 24 dans le noir, sans chauffage, dormant sur une planche sans matelas, avec trois minuscules couvertures, sans pouvoir me laver, me changer, n'ayant pas à ma disposition de papier toilette ; hormis le froid la saleté, cela n'a pas suffit : on m'a retiré mes habits pour me laisser dans une nudité totale au point de supplier à genoux pour avoir un slip. J'ai passé huit jours dans ces conditions dans le cachot noir, et quinze jours nu dans une autre cellule. Pour ce qui est de la nourriture, on me la disposait comme a un chien sans jamais voir qui me l'apportait ni voir ce que je devais manger ; je mangeais avec les doigts faute de couvert ; Ceci n'est pas la fin que je dois passer devant la cour d'assise où je suis passible d'une peine allant jusqu'à dix ans ; je dois vous dire que je suis père de quatre enfants qui n'ont plus de mère, et qui à cause de ma condamnation risquent de m'être enlevés et placés à l'assistance publique. Je ne cherche pas à ce que l'on s'apitoie sur moi, mais je tenais à ce que vous le sachiez, afin de vous faire une idée.

Certains diront c'est bien fait, d'autres ne me croiront pas et d'autres encore diront ce n'est pas suffisant, si vous faites partie de ce dernier cas, je vous demande de venir à la barre au tribunal et de demander au juge de m'infliger la punition que je mérite encore.
Je n'ai pas besoin de vous rappeler que je n'ai pas agi avec violence ni agression sur quiconque, alors que la violence est devenue chose commune je me suis contenté de vous voler en vous respectant ; je ne dis pas que c'est bien de voler, mais je l'ai fait proprement, et si j'ai refermé la porte derrière moi, c'est pour éviter aux curieux de voir votre intérieur, et aussi pour que d'autres personnes aussi mal intentionnées visite votre appartement et le saccage, j'ai arraché le cylindre pour que vous n'ayez pas a payer une porte cassée mais laissez moi vous dire que si vous avez trouve un grand désordre c'est que ce n'est pas moi l'auteur du cambriolage, je suis un voleur pas un salaud. Je vais être jugé mais avant je voulais m'expliquer, vous expliquez.

Je vous demande humblement pardon.
Je vous prie d'accepter mes sincères excuses et mon profond regret.

Farsi, Genève

Il est difficile de dire ce qu'on peut avoir comme sentiment, après avoir passé par où je suis passé. En ce moment, en quelque sorte, je vis ma deuxième vie, car celle d'avant s'était arrêtée net le mardi matin et en même temps c'est mon existence nouvelle qui a commencé. Bien sûr je ne suis pas encore sortis, mais je peux être heureux quand même. Maintenant tout doucement je vais me remettre et avec ça ce sera beaucoup mieux pour moi. Certes, vous me donniez des conseils dans votre lettre et je sais qu'ils sont très sages et je m'efforcerai de me tenir calme et aussi je vais suivre vos conseils, car je sais que maintenant il n'y a guère autre issue que cette dernière. Il me sera peut-être possible de me bien conduire, car j'ai assez de force morale pour supporter l'emprisonnement, mais j'espère qu'un jour, j'arriverai à m'en sortir et à commencer ce jour-là une vie digne et honnête. Puis, en centrale, j'apprendrai un métier, aussi j'ai vu hier l'assistante sociale et elle m'a dit que cela sera possible. De la sorte je serai au moins occupé et le reste ma foi d'une façon ou d'une autre s'arrangera, car je ne crois pas que je reste en prison pour toute ma vie. D'ailleurs cela est impensable, mais une chose est sûre que ma sortie est très lointaine ! J'ai vu mon avocat mercredi dernier et il m'a dit que plus tard il va s'occupé de moi, car maintenant il n'y a rien à faire d'ailleurs cela est vrai. Toutefois dans deux ou trois ans il pourra faire quelque chose pour moi.

Antoine

Chacun ici exprime son chagrin ou même sa colère par des poèmes en mauvaises strophes, ou par d'amer courrier que maintenant la censure laisse passer car elle a compris qu'il valait mieux l'explosion du détenu par ses capacités intellectuelles ou manuelles, que l'explosion corporelle, et c'est un grand bien.

Jean-Michel

Il y a des millions de gars sur terre qui n'ont rien, qui sont privés de tout, d'affection, de biens matériels, qui crèvent de faim et qui, pourtant, restent des gens honnêtes. Alors moi, je n'ai pas d'excuses et je veux prendre l'entière responsabilité de ce que j'ai fait.

Jean-Michel

Ne me libérez pas : je m'en charge...

Ali, la Santé

Ce passage pour moi en prison me permettra de casser celle de mon passé, pour me permettre de vivre enfin ma LIBERTÉ.

Rodolphe, Meaux

Il est vrai que la captivité est une grande école. On le comprend avec le temps mais nous le reconnaissons difficilement pour nous-mêmes et aussi pour les autres. [...] Et puis reconnaître que la captivité est bienfaisante, cela revient à dire que la prison est utile. Et ça nous ne le pouvons pas !

Michel, Dijon

Fermeture

Entendre le récit de mon passé était plus dur que je le pensais. Je n'arrêtais pas de pleurer. Après un délibéré d'une heure, j'ai été condamnée à 6 ans fermes. Je peux enfin faire des projets d'avenir avec Manu. Quand je serai sortie, je retrouverai une vie normale, un travail. Tout faire pour vivre avec ma fille et lui donner beaucoup d'amour. Je ne réalise pas encore, que je suis jugée. Je me sens mieux dans ma tête. J'ai l'impression d'avoir changé de corps, d'être légère. Je me sens libre, bien que je sois incarcérée. J'ai eu une sensation bizarre, comme si tout ce que j'avais au fond de moi était parti. Je ne me suis jamais sentie aussi bien. Je sais tout sur mon passé maintenant. Je peux tourner la page, me diriger vers le futur. Une nouvelle vie commence. Je vais enfin être soulagée et me reconstruire.

Katheline

Vendredi

Vendredi jour de Vénus. Jour de la passion, de l'amour et de la renaissance. Amours contrariées, douceur distanciée, sensualité brimée, déchirure. Frustration. Écartèlement.

Les visites au parloir ont les goûts amers de l'attente des rendez-vous fugitifs qui ne dureront pas, ou qui échoueront au dernier moment... Le goût des adieux sur les quais de gare, le goût des dimanches soir, le goût de la rentrée scolaire, le goût du retour à la caserne, le goût des visites à l'hôpital, le goût des jours de fête à l'hospice, le goût de l'attente en salle d'attente, le goût de celui que l'on espère et qui ne viendra pas, le goût du baiser d'adieu, le goût des lits vides et des cendriers froids, le goût de la lettre qui n'arrive pas, le goût de l'enfant qui vous quitte, le goût de la femme qui vous échappe, le goût de l'absence qui se matérialise, le goût de la fin du film, le goût salé de la vague qui vient d'effacer le pas de l'autre...

Vous avez le ventre serré ; vous avez une boule dans la gorge ; vous avez un poids de 15 tonnes sur le foie... Vous avez le mal de mer et les murs vous donnent le vertige.

Dans le regard de l'être aimé, vous relisez à chaque visite l'instant de votre chute, le verdict du juge, le regard des gens, l'empressement des gendarmes. Dans ses yeux vous relisez les plages trop longues de sa solitude, la détresse de son corps délaissé, le reflet des obstacles qui vous entourent et la forme sombre des barreaux qui rayent le jour, et avec lui l'espace infini de la séparation.

Ce soir vous fermerez les yeux. Vous oublierez le souffle rauque de vos voisins de cellule. Vous oublierez jusqu'à leur présence. Les barreaux se dilueront, comme aspirés par les courbes de la voûte stellaire. Et l'espace d'un rêve, votre cellule se transformera en chambre comme la citrouille du conte en carrosse : elle deviendra une pièce à voyager dans l'espace, équipée de son grand lit matrimonial et de son armoire à linge qui sait si bien craquer dans le noir et laisser échapper à chaque ouverture un soupir de lavande... Les draps seront frais, rêches comme des gros draps de ferme, suffisamment rugueux pour mettre en valeur la douceur du ventre de l'autre... Ils seront propres les draps, aussi propres qu'un corps neuf. Ils garderont le souvenir de l'eau qui court, du savon qui mousse et du babil des lavandières ; ils garderont la trace de la corde à linge, et la griffe du bleu de méthylène... Ils auront l'odeur du ciel et le parfum de la rivière... Et la chambre se transformera en navire, prêt à lever l'ancre et à bondir vers le large. Et vous ne saurez plus après quelques brasses si vous dansez sur les vagues ou sur le satin de son corps qui ondule : les corps s'effeuillent ; les corps s'ouvrent pour l'amour ; ils ne se referment que l'un sur l'autre, l'un dans l'autre, insatiables et vibrants... Et puis ils se libèrent l'un l'autre, au plus large du grand large, comme s'ils avaient trouvé, en naviguant de conserve, la trajectoire en pente douce, le sillage fugitif des étoiles filantes...

Mais vous le savez, les étoiles filantes sont des étoiles mortes : elles ne laissent briller que le mirage de leur agonie... Le réveil sera dur et déprimant : il aura le goût de la sueur et de la séparation ; il aura l'odeur de la solitude et des draps mouillés : le souvenir dérisoire et gluant d'un plaisir misérable parce que non partagé.

Ouverture

Très rapidement notre corps doit devenir écorce de chêne ou douceur de fleur : on se sculpte, et le poinçon, ici, c'est la lassitude à l'allégresse mêlée ; une peau de variations ; et ce caméléon des matières a la fugacité des enfants et des nuages, pour passer d'une vieillesse séculaire à une jeunesse bondissante.

Parfois la cour de promenade rêve la nature qui nous barbouille d'azur, comme les enfants se colorient de poussière de terre. Mais nous avons affaire à des hommes à l'enfance détruite.

Le corps boit l'eau du ciel comme à la source de ces jeux d'enfants et de forêts. C'est par le ciel que nous reviennent

les traces de la terre respirant au sein d'une mémoire égalant les espaces : le temps passé retourne à nous, comme un éclair doux et lent entre deux oublis. On dirait que deux mémoires se mêlent, venues d'un oubli déchirant commun : ainsi l'odeur des lourds chevaux astreints, la journée, à nourrir en bois la scierie où travaillait mon oncle à Cercy-la-Tour – j'aime ces villes qui se nomment par ce qu'il y a de plus beau en elles –, dont les effluves s'échappaient avec la libération de leurs harnais, mêlés à la vapeur de terre du jour finissant ; cette odeur allait au moins dans deux directions, vers l'oubli du ciel et la mémoire de mon corps, jouant ainsi sur un temps déchiré qui parfois, en vous, oubli et mémoire superposés, se recolle sans réduire la vivacité de la déchirure.
Sur mes lèvres le frisson de son nom ouvre la cage aux sons, qui s'en vont voler et parsemer de tremblement les parois de la prison.
Dire son nom a pour moi la valeur d'une étreinte amoureuse. Le silence brûle dans le silence et porte les choses à cet état de tremblement imperceptible accordé à la filure de l'écriture : on trempe les mains, les yeux, la plume dans la poigne de leur feu discret où tournent doucement leurs couleurs.

Bernard RÉMY,
Journal de prison

On parle des prisons lorsque l'événement « vaut l'coup », quand il y a du suspense, de l'otage, des morts... Ces monstres qui se rebellent, prêts à égorger, à violer, à sodomiser le chat de Mickey en face du McDonald's. Pensez-vous tout cela, ou vous le donne-t-on à penser ? Ne croyez pas que dans ce monde austère, voire mortifère, les émotions soient étouffées. Il y a en ces lieux des sensations, des sentiments, des accents très divers qui vous échappent, trop occupés à consommer, trop soucieux de vos heures de repos, mais peu attentifs à l'avenir de vos enfants. Il est vrai qu'on s'en occupe pour vous !

Joël

Agnès. Voyons voir ce qu'elle raconte, la petite pute de Lyon :

« Angélic, est ce que tu peu me faire une trè belle letre pour mon home. Avec des beaus mots et bien dire comen je l'aime. merci. »

Je fais l'écrivain public. Ça paie mes cigarettes et la télé. Plus tout ce qu'il faut cantiner si on veut vivre à peu près normalement ici. Je l'aime bien, Agnès. Elle est là depuis deux ans mais elle est encore tellement perdue. Son homme ne vaut rien mais ce soir, j'ai envie d'être gentille. Je vais m'appliquer.

Mon amour,

C'est Angélique mon amie qui écrit cette lettre. C'est elle qui dessine les mots mais c'est moi qui les dis. Et puis de toute façon, les autres aussi vont lire. Nous ne serons plus jamais seuls à nous aimer et je dois accepter de te partager avec cette multitude. Au-dessus de mon épaule, il y aura toujours d'autres yeux pour me lire. Il faut se résigner à ce que d'autres mains froissent ces feuilles pour que tu puisses enfin les caresser. De toute façon, depuis toujours je te partage.
Depuis l'enfance. Depuis ce matin clair de mes seize ans quand tu es apparu et que ma vie s'en est trouvée bouleversée. Plus rien d'autre n'a jamais compté depuis. Je n'ai pas assez souffert pour craindre le bonheur. Malgré toutes les souffrances que j'ai endurées qui n'étaient que le prix à payer pour jouir du bonheur de t'aimer. Malgré la misère de mon enfance et tous ces hommes qu'il m'a fallu partager. Malgré la multitude des corps qu'il m'a fallu t'offrir et l'or coulant de mon ventre. Malgré toutes ces autres femmes que je me devais également de partager, mes petites sœurs de la nuit, les fiancées du soir, divorcées du matin. Tu me manques. Tu me manques tellement. Plus encore que cette soif qui coulait dans mes veines et qu'on me refuse ici. J'ai mal à en crever. De toi qui n'emplis plus mon ventre et de ce plaisir si fort qui me soulevait de terre et se nichait au pli de mon bras. J'aurai connu le paradis dans tes bras. Au creux de mon bras. Que tu coules en moi ou

que le poison lentement m'investisse, je ne sais rien de plus fort et de moins artificiel.
J'aime un voyou qui m'aime comme on vole. Je sais que tu ne me rendras rien de ce que je t'ai laissé me prendre. Et je suis plus nue qu'une église brûlée.
Va voir Tonio. J'ai hurlé son nom dans la nuit et le matin n'a pas calmé ma faim de lui. Le savent-ils, là-bas, derrière les murs, qu'on arrache les enfants aux mères en prison. Tonio qu'on a décollé de ma peau et qui est parti en emportant ma chair. Que je sens encore au bout de mes seins, dont les pleurs résonnent dans la nuit. Ici je dors comme un bébé, comme mon bébé. Réveillée toutes les trois heures, la faim au ventre, les larmes aux yeux et des cris sans fin dans ma tête. On m'a tout retiré. Ne restent que les tatouages bleuâtres sur les bras s'effaçant peu à peu comme une carte du tendre qui deviendrait peau de chagrin. Et j'ai mal à en crever. Et je crève tant j'ai mal. Je suis malade de toi. Malade du silence qui m'entoure, malade de ton silence. Quelle que fût l'âcre et entêtante odeur de toutes les sueurs qui se sont mélangées sur ma peau, je ne me suis jamais parfumée que de ta voix, ta voix chaude qui m'enveloppait et qui a cessé de m'accompagner. Tes mains qui m'ont autant aimée qu'elles m'ont blessée, tes mains qui étaient moins douces que cette voix grave et triste qui a disparu.

Je vis désormais dans un monde sans odeur, sans bruits, et sans couleurs.

Il ne me reste plus rien. Que ce petit tas d'amour en torchon. Ce torchis de mots et de larmes qui me tient encore debout. Je t'aime comme jamais une femme n'aura aimé. Avec rage, avec soumission et impatience.

Cela seul me donne la force de continuer. M'aide à oublier, à forcer ma mémoire et à la plier jusqu'à devenir amnésique. Il y a des souvenirs qui sont trop douloureux. Je ne veux plus rien savoir. De l'éternité qu'il me reste à vivre dans ce purgatoire blanc et silencieux. De Tonio qu'on m'a enlevé à dix-huit mois et qui saigne dans chacun de mes membres. De cette institution où avec d'autres enfants, peu à peu, on va lui apprendre à m'oublier. Ce bébé que tu ne connais pas et que tu refuses de connaître. Cet enfant de putain. Putain de pères qui font des enfants aux putains ! Et pourtant je t'aime. Du soir au jour, du crépuscule à l'aube, dix minutes toutes les heures, dix heures chaque minute. Je t'aime à perpétuité. Je t'aime dans la confusion des peines. Les mains crispées, le corps plié, allongée sur ma paillasse, tordue par la douleur du manque. Du manque de toi et de tous les manques. De tes seins sur ma bouche, de ta bouche sur mes seins. De tes lèvres aussi douces que la peau de Tonio posé nu sur mon corps nu.

Ce corps qui n'est que plaie mais qui ne saigne plus depuis le jour où le bébé est parti. Pauvre corps de petite fille pubère, corps de mère devenu nubile. Corps à vendre qui ne peut même plus se donner. Corps à corps avec la souffrance, le froid et la rage.

Mon amour. Embrasse toutes les petites sœurs de la nuit, essaie de voir le petit et donne-moi de ses nouvelles et pardonne-moi cette lettre : je t'aime trop pour te le dire et cependant pas encore assez pour te le cacher.

Agnès.

Mais non, je ne pleure pas. Laisse-moi, Janine. C'est le froid et cette lettre pour Agnès que j'arrive pas à terminer. Pousse-toi, je ne veux pas que tu lises. Ça ne te regarde pas. Tonio. Quoi, Tonio ? C'est le petit d'Agnès. Moi, si j'ai des gosses ? Oui, j'ai des gosses. Recouche-toi, je vais m'allonger à côté de toi et te raconter. Mais promis, tu n'en parles à personne. Ou je te plante à la prochaine ronde.

Angélique

23 octobre 1978

Ma Chérie hors temps.
J'ai aimé ta façon de m'embrasser, de tes baisers ralentis, plus qu'aimé. J'en suis encore bouleversé (bouleversement dont je ne veux pas me départir), et ce regard long que tu as plongé sur moi. C'est vrai, il y a tellement de regards sans vie autour de moi que je me défie instinctivement des regards de la mort... Mais tu verras à notre prochain parloir, je ne quitterai pas d'une once l'hypnotique de tes yeux. Tout ce que tes yeux ont à me donner de toi, je m'en emplirai des heures et des heures, m'en rechargerai... vivrai dans notre monde, notre vie avec toi. Par le regard, on

débouche sur des infinis merveilleux. Je peux réaliser au moment où nos yeux s'offrent que je suis à l'intérieur de toi, que je vis dans ta main, que je vis dans tes rêves, que je suis dans tes combats, que j'arme tes armes, que je coule dans ton sang, que je coule dans ton existence, que je me baigne et explose de bonheur. C'est tout cela et plus nos regards... Je comprends maintenant. Je vivrai comme cela dès que je te reverrai. Je serai des heures, des heures en face de toi, je ne serai que le silence, que le voyage en ta vie... Pour être sûr que je ne rêve pas, j'aurai la réalité de mes lèvres à portée des tiennes, des baisers frôlés, partagés, ralentis et lents pour vivre ton existence... Des heures et des heures de cette intimité où plus rien n'existe que nos voyages, notre chaleur ou simplement l'Amour. C'est un vécu de parloir, un vécu à prendre le plus souvent, un vécu inégalable ! si arraché soit-il par la présence des matons... Je t'aime. À tout à l'heure.

Roger KNOBELSPIESS,
Lettres de prison

Je marche dans la longueur de la cellule
Comme un funambule
Les yeux bien ouverts pour éviter les murs
Les murs si proches

Je marche doucement vers toi quand même
La prison est une trirème
Où je rame infatigablement
Il faudra bien qu'elle accoste

Je marche et je suis triste
Comme ma veste de droguet humide
J'ai le même aspect sordide
Qu'elle et misérablement
J'attends derrière la porte.

Pierre, Loos-lès-Lille

Je glane ce que je peux du printemps naissant : quelques rayons de soleil qui commencent à se risquer sur mon mur, des chants lointains d'enfants au retour d'une promenade, une sorte de joie impalpable dans l'éclat d'un ciel bleu et uni. L'hiver est lugubre pour l'emprisonné ; mais le beau temps accroît la sensation cruelle qu'on vous a oublié, que personne ne se soucie de vous. La pensée se reporte à tous les jardins qu'on a connus, aux fleurs, aux arbres. Comme on a supporté patiemment l'hiver dans l'attente du printemps, il est dur de le voir arriver et de constater que rien ne change, que ne s'est pas produit l'événement imprévisible qu'il semblait impliquer tout naturellement. Néanmoins finit par l'emporter l'optimisme contenu dans l'air plus léger. Ce matin, un oiseau se pose sur la crête du mur. Il sifflote négligemment et me regarde avec curiosité : revanche de tant de cages ? Je lui jette en vain des miettes de pain. Il ne veut pas descendre dans cet enclos suspect. L'oiseau, à la fin, s'envole – et l'homme reste.

Jean ZAY,
Souvenirs et solitude

Oui, je t'entends, ma chérie, dans le quotidien à libérer sans cesse, sans désemparer. Je suis dans le métro avec toi. Les marches à descendre ensemble, le carrelage blanc des murs du métro que je vois avec toi, le tourniquet et le compostage que je fais avec toi, les indications de direction : ligne Nation, porte d'Orléans, etc. Les cabines téléphoniques, les pièces que tu mets dans le taxiphone, à travers la porte vitrée, je suis là à t'attendre, je te souris pendant que tu attends la tonalité du combiné... déjà, je m'ennuie de toi, je m'ennuie de n'être plus en bouche à bouche avec toi. Enfin, tu sors, j'en pouvais plus. Les gens courent autour de nous, pressés d'arriver là où rien ne les attend pendant qu'un long baiser passionné nous scelle tendrement devant la cabine téléphonique. Le métro, on court ensemble. J'ai pris le strapontin, tu t'assois sur mes genoux, les gens s'entassent. [...] Je t'embrasse, je t'aime comme si demain tu allais mourir. Nous allions mourir. Je suis passionné de ton existence qui me réchauffe, me tient éveillé dans le bouleversement.
Psssichh, pssichhh, tchou, tchou... Une station. Non, nous on descend à la prochaine ! Encore le temps de nous aimer

une minute. Je sens tes jambes que je serre et toute la vie à l'intérieur de toi.
Je respire avec toi tes bouffées d'air, tes volutes de fumée de cette cigarette qui meurt à tes lèvres. Et tes yeux, sur moi. Tes yeux, tes yeux, tes yeux me dévorent. L'univers nous est ridiculement minuscule à côté de chaque instant de vie qui émane de nous et qu'on s'offre à en crever, à en chialer dans ce monde indigne, merdeux, de meurtre, de sang, de souffrances irrémédiables.
Encore plus, encore plus, encore plus... Je t'aime.

Roger KNOBELSPIESS,
Lettres de prison

Parlez-moi, je refuse le silence, dites n'importe quoi, mais parlez,
ne laissez pas une seule seconde briser l'ambiance que vos paroles ont créée,
Parlez-moi de vos souvenirs d'enfant, parlez-moi de la pluie, de la pluie et du beau temps, dites n'importe quoi mais parlez, si je n'entends pas plus vos voix je vais craquer.
C'est doux d'entendre ces mots qui vous pénètrent délicieux et tendres, ces mots, ils emploient tout notre être, quand on a connu le silence.
Seul au milieu de ces longues nuits (on a peur) (on se ment) et soudain
Un mot vous ramène à la vie, un mot berce votre cœur, ce n'est plus l'oubli.
Parlez, criez, chantez, c'est mon unique joie. Parlez à l'homme qui a souffert, le silence d'autrefois.
Parlez
Je refuse le silence.

Jean, Nice

J'approche de toi, tout près. Je suis dans la cour devant les parloirs. J'aurais bien envie de te cueillir une fleur dans les massifs, mais j'ai préféré en prendre une dans les herbes folles d'une autre cour intérieure où l'abandon où on laisse ce qui y pousse fait les fleurs plus proches de notre vie et de notre amour vécu contre et malgré tout.

Très souvent, pendant que je fais ce parcours des dix-sept portes à franchir avant tes bras, je pense à toutes ces femmes de parloir que j'aime en toi. Un jour je te dirai la tendresse que j'ai pour elles. Je te la dirai de mon cœur, de mes mots qui seront alors aussi le cœur et les mots de mes frères d'infortune. Et je donnerai à cet élan de ma tendresse une signification particulière. [...]
Enfin, après la palpation, me voici à notre table, celle que je prends souvent parce qu'elle est dans le fond et que tu arrives à une heure où tout est presque vide. Notre petit îlot de tranquillité relative. Quelques minutes passent encore mais celles-là elles sont déjà presque belles, comme si la pièce, la table avaient gardé quelque chose de ton odeur et de ton âme que je retrouverais, que je goûterais déjà avant l'instant où tu apparaîtras.
Avec dans les yeux tout ce que tu m'apportes d'amour, de vie, d'espoir, de bonheur, toi qui es ma liberté, mon âme déléguée, toi qui fais que mon vécu, mes espérances, mes prières, mes douleurs, mes élans hier inassouvis, ne risquent plus de devenir le butin du néant.

Tu es là ! Sans qu'on sache comment se sont faits les quelques pas qui nous séparaient encore, tu es dans mes bras, et c'est le premier baiser-bonjour, celui qui n'a pas encore la goûteuse tendresse des baisers de l'heure qui vient, et je jette une fois de plus mon âme dans tes prunelles aimantes, je te sens contre moi qui te donnes toute, mon corps suit l'élan de mon cœur et je te serre à souffrir.
Puis on se désenlace, on se déprend l'un de l'autre avec peine, on se guide par la tendresse des mains, comme deux aveugles qui ne verraient que par l'amour ; puis on s'assoit, comme dans un film-rêve, un peu incohérents du geste et de la pensée. On se caresse en silence, on se tâte, on se goûte de plus près et de plus profond, on se redécouvre avec précaution du bout de l'amour, on fait l'amour par le cœur, seulement par le cœur, parce que la bonne société des hommes de droit et de devoir croit – ou fait semblant de croire – que pour punir un homme il faut punir aussi les êtres qu'il aime le plus au monde.
Et quand on est assis, toi et moi, de chaque côté de cette table étroite, mais large comme une rue pour nos corps assoiffés l'un de l'autre, quand on est assis on ne sait plus...

on hésite. On a soixante minutes pour concentrer les vies d'amour qui bouillonnent en chacun. Il faut choisir : s'embrasser assez afin que la tendresse imprègne le corps pour trente jours d'absence, juste ce qu'il faut pour ne pas attirer l'attention du maton qui « matonne » à quelques pas – interdit ! –, mettre pourtant une barrière entre nous et le monde proche pour que rien ne gâte une seule miette de ce bonheur à la sauvette, que rien n'effiloche le lien de nos cœurs ; se dire l'essentiel, ou bien le plus de choses possible en dialogue télégraphique où les tirets sont des « je t'aime » et les points des baisers.

Et le temps passe... On se dévore de plus en plus des yeux, on s'aime en accéléré, on souffre déjà chacun pour l'autre du déchirement tout proche.
Il faut trouver le temps d'écouter tes mots qui se versent en moi comme une eau bienfaisante dans un parterre de fleurs créant les couleurs, les parfums, les fraîcheurs. Il faut trouver le temps de te dire ces mots malhabiles qui traduisent mal ce que je ressens de fort et de profond. De te dire que je serais heureux de transformer ton chemin en une immense prairie aux herbes hautes, parsemée de milliards de taches multicolores de printemps et d'espoir, te dire que je veux écarter de toi à jamais les blessures, le doute, le vide.

... Jusqu'à ce qu'il ne reste plus que cinq minutes, une éternité d'amour, mon amour, dans cet espace et ce temps irréels, hors de l'Univers...

Micha

Les songes assidus qui par la main se tiennent
et de tous mes parcours font un seul chemin noir
n'y soufflent une aussi dévastatrice haleine
que parce qu'en ton cœur, témoin de mon histoire,

je ne puis réfléchir qu'illusions et peines,
les astres languissants d'un errant promenoir,
une conjonction d'accords faux qui se traînent,
sans écho ni mesure, aux défauts des miroirs.

Si je m'abreuve de ton ciel, c'est que ton ciel
S'est empli jusqu'aux bords de ma coupe de fiel
Mes yeux qu'en ton douloir mon douloir éblouit,

trous de flamme béants, alentour multiplient,
comme en la roue du paon autant de bleus ocelles,
tes regards déchirés aux rochers de ma nuit.

Jean CASSOU,
Trente-trois sonnets composés au secret

Tes lèvres mangent ta peau, mes dents
mordent ton cou. Mêlée à ce parfum suave, la senteur de la chair m'enivre.
Pourquoi faut-il qu'inlassablement cette ombre défile derrière la vitre ?
Pourtant, aujourd'hui, c'est la dernière fois que je te parle, que je te vois.
Un sourire déride mon visage. Je songe à cette chanson désuète de Patricia Carli dont je viens d'évoquer les paroles.
Oh ! Bien sûr, nous avons su par le passé déjouer cette surveillance et nous plonger dans les brèves étreintes toujours frustrantes.
Nous avons eu la chance d'esquiver le service de cet individu. Tout en lui transpire le vice et la bêtise. Le visage en forme de fouine, les yeux exorbités, la parole niaise.
« Putain », ne plus penser à lui, mais à toi qui viens de m'annoncer le pire.
Tu m'abandonnes dans cette poubelle, mais tes mots sont enveloppés dans du papier de soie.
« Je t'aimerai toujours, je continuerai à m'occuper de toi. »
Vite profiter encore de ta peau. Je voudrais te boire, te vider l'âme pour que tu souffres sans moi.

Tes yeux sont embués de larmes, les miens ressemblent à deux gouttes d'eau posées sur un masque.
Vraiment je ne peux pas. Tu le sens. Ta tête se niche sur mon épaule et tu pleures. La porte joue, je te serre une dernière fois dans mes bras. J'ai envie de ne pas me retourner pour oublier déjà ton image. Impossible ! Tels ceux d'Orphée, mes yeux croisent une ultime fois les tiens. C'est fini... La fouine est là, ironique.

« Non ! Fumier, tu n'as pas pu faire le voyeur et ne le pourras plus jamais avec moi.
Je n'ai pas franchi la zone interdite... »

Albertine SARRAZIN,
Lettres à Julien

À ton sexe doublé de satin et de soie
la caresse précise du tendre de tes doigts
comme un silence posé sur des lèvres indécises
– entrouvertes –, soupir d'une larme reprise
au bord de tes sanglots
qui crèvent tout de même
le cœur fou de ces mots
je t'aime jusqu'aux chaînes

À tes seins étonnés gonflés de solitude
dont la mémoire revit les tendres attitudes
offrant à ma joue rêche un repos d'oasis
– quand l'homme semble mort et l'enfant plein de vie –
pour boire comme une pierre
se gorge de lumière
à la nuit froide et nue
des couples détenus

À nos paroles crues déguisées de pudeur
qui s'écrivent en dessin de sperme et de sueur
où la masturbation en un geste gangrène
lorsque ta main – déserte – se gante de la mienne
Aveugle elle me voit
et sourde elle m'entend
Mon odeur et ta voix
s'épousent jusqu'au sang

À tes reins entravés prisonniers du frisson
dans le souffle feu et glace souvenir des passions
et d'une langue qui grésille sur la lave mouvante
de ta chair labourée toute vive qui serpente
À nous qui osons tout
et ne retenons rien
jusqu'à faire de nous
des siamois orphelins

À tes yeux d'univers doués de double vue
qui éclatent les murs et trouvent le perdu
en comblant tous les manques de la terrible attente
À ton regard magique dans mon miroir qui chante
ton ventre d'avenir
et le futur sourire
déverrouillant la mort
pour faire un de nos corps

À mon sexe gonflé de torture et de fièvre
lorsque tu me séduis dans de réels rêves
Savante tu me fais jouir encore au fond du piège
d'où ton pouvoir m'évade quand l'aube me relève
je laisse mon fantôme
ce que je suis se cache
au secret de ton ombre
où l'amour nous rattache.

A.A.B.

Je suis toujours là, Andria. Il est à peine une heure du matin de ce 1er avril et je ne veux point, plus jamais ressentir ces murs qui nous entourent se dresser encore une fois entre nous. Un voile noir s'abat sur tout ce qui bouge. Je ne veux pas que cela devienne rage en rouge, ni mots qui blessent, ni conditionnels qui ne pourront plus être « présent ».
Le temps nous est compté comme tu disais si bien, alors je me révolte contre ces laideurs une fois de plus, et je reviens sur mes pas pour ne pas tendre des cordes entre nous, mais pour que j'arrive tendre comme je veux t'accoster. La douleur est un chemin solitaire, mais celle-là on l'a parcourue à deux. Tu vas sortir... Veux tu laisser ma main dans la tienne ? Rien ne m'effraie si tu me regardes, moi aussi je t'aime mal, mais je t'aime profondément... Plus que les mots et ce qu'il y a au-delà, car tu chemines par des contrées de mon âme que moi-même je ne connaissais pas. Et je ne veux pas que tu partes, mon cœur, mais sentir encore tes pas jusqu'à ce que je puisse sentir tes mains et toi en entier. Elle va vite, la nuit, et tout ce qu'elle te dit, c'est moi qui le lui dicte. Qu'elle te murmure des rêves où ton cœur est

chaud contre le mien. Si seulement je pouvais te sentir un instant, rien de fugace car tu restes en moi. Je pense à toi et j'ai la gorge qui se noue et qui te nomme. Rien ni personne ne t'efface de ma mémoire et elle restera même si je ne suis plus. Que ça reste aussi dans la tienne pour qu'on puisse se retrouver. Je n'aurai pas de paysages qui crieront des orages parce que tu me manqueras. Mais chaque pierre de chaque mur me parlera sans cesse de toi.

Idora

Verona lovers

Sur les frais oreillers de marbre ciselé
Où fane un lourd feston de corolles savantes
Se confondent sans fin les amants aux amantes
Qui se sont fait mourir du verbe ensorcelé
Avares du vieillir ô vous enviez-les
D'avoir sur le tremplin des extases si lentes
Laissé ce million de minutes naissantes
Et bien royalement le monde tel qu'il est
Cette nuit-là comme ils s'aimèrent sans mensonge
Quelque pouce géant dans sa toute bonté
A fait rouler leurs yeux hors des coffres du songe

Cependant que très loin sur les terres bénies
Les violons têtus enchantaient les Asies
Et riaient de tendresse leurs divinités

Albertine SARRAZIN
Soissons, 1960

J'ai peur de perdre l'homme que j'aime depuis que j'ai 14 ans : je me rends compte que je l'aime depuis toujours. Il est ma source de vie. Lui et ma fille sont les seuls bonheurs que je veuille. Après la prison je vais connaître le bonheur et la joie d'une famille. Ma vie sera faite d'amour. Ils sont ma vie et sans eux je ne suis plus rien.
J'ai peur de ne pas savoir ce qu'est l'amour. En même temps j'ai peur de perdre tous ceux que j'aime. J'ai besoin d'eux, ils sont ma vie. Ce sont des gens remarquables et

qui ont fait de moi une personne forte. Mais j'ai peur de l'avenir, de ma vie sans eux, je ne peux pas rester seule. Je vais être aimée, un jour, aimée dans ma vie.

Katheline

Je suis enfin, mon cher prisonnier, celle qui sort en pleurant d'un parloir où, face au mâle exigeant comme enfant possessif, sa volonté et sa fatigue lui paraissent bafouées, méconnues, inutiles. Car, vous aussi, vous êtes comme tout le monde ; avec, en plus, l'indicible angoisse jusqu'à la douleur, de perdre ceux que vous aimez. La hantise de l'oubli qui taraude et met à vif.
Elle rend parfois injuste, quand on a pourtant soi-même tant à souffrir de l'arbitraire d'une répression qui nie tout sens au mot justice.
Chaque semaine, le cœur ouvert, en attendant de revoir ton sourire né de ta force, de ta dignité, je regarde et j'écoute celles qui, l'espace d'une heure inconfortable partagée, passent dans ma vie, compagnes d'exclusion. Et ton sourire, chaque semaine, me donne, pour le temps à passer avant de les retrouver là, fidèles, avec la douceur de ton amour, la force de ton âme.
Moi aussi je suis fatiguée, moi aussi je suis mal vue, moi aussi je suis angoissée.
Mais nous avons choisi de vivre, là, maintenant, toi en prison, moi dehors : puisse notre allégresse qui pourrait sembler incongrue, mal venue, voire indécente au vu du prix que tu devrais payer, et moi avec toi, apporter aux plus fatiguées, aux plus mal vues, aux plus angoissées, un petit morceau de notre pactole : notre amour-espoir.

Duszka

Depuis deux semaines j'ai envie de faire l'amour. Je pèse et je soupèse mes mots. J'ai envie (énorme)... de faire (manière active)... l'amour (quasiment de l'art). Alors je me prends à vouloir me censurer ou me raisonner : n'y pense pas, fais des pompes. Le désir sexuel est une aliénation... Ce n'est pas un désir autonome, c'est un conditionnement biologique à base d'acide désoxyribonucléique (ADN). [...]

Bref, tu vois que je ne blague pas quand je veux me convaincre. Eh bien, rien du tout comme résultat : savoir le pourquoi n'a jamais éliminé le désir... [...] Dehors j'avais une vie sexuelle régulière. Par là, je veux dire que j'ai besoin de ce contact régulier. Et tu sais que le vide se compense mais ne s'emplit pas. Peut-être un jour pourrai-je avoir ce contact régulier mais je n'oublierai pas cette torture.

Taleb

On a beau se répéter que rien ne sera changé, il est tout de même amusant de penser qu'il n'y a plus au monde que deux personnes capables de nous séparer : toi, et moi. C'est vraiment infime par rapport à la population terrestre ! Quelle force, quel défi ! Parfois la chose me coupe bras et jambes.

Albertine SARRAZIN,
Lettres à Julien, Amiens, janvier 1959

Je t'écris assise dans un coin de la nuit, sous la dernière lumière bleue du ciel, touchant du bout des doigts les ombres. Avec une vive émotion, comme toujours. Dans l'attente, tu t'es approché de moi avec un sourire, remplissant de tendresse cet espace si vide, berçant mon cœur dans la distance. Devant la cellule, j'imagine la forêt obscure. Pourtant, je ne prends jamais la nuit en ennemie, car je l'aime, comme toi. Malgré la distance, je te sens tout près, avec moi, dans cette prison entourée de silence.

Idora

Je crois que je suis amoureux de toutes les femmes avec lesquelles je suis en contact. Elles font partie de mes rêves et de mes fantasmes. Il est certain que j'éprouve des sentiments pour Micheline. Mais n'est-ce pas parce que je la connais et qu'elle vient me voir ? Comment savoir si je n'en éprouve pas autant pour les autres ? Comment savoir si je ne me suis pas foutu dedans totalement ? Et si Brigitte,

Marie-Claude ou Françoise venaient me voir, que se passerait-il dans ma petite tête ? Si j'aime la femme, suis-je capable d'aimer une femme ?

Philippe

Il est bien d'autres choses encore que l'on ressent dans la non-vie. Des choses qui viennent du tréfonds, mais qui restent dures à exprimer, ou que l'on souhaite conserver comme un secret, par peur de ne pas être compris. À moins que la pudeur ne soit la seule liberté qui nous reste encore. Car il me faudrait aborder le sujet tabou, relatif au déséquilibre mental, psychique et physique qu'engendre, au fil des années, l'interdiction de rapports sexuels avec une femme. Un déséquilibre qui, avec l'apparition de la télé dans les prisons, s'amplifie encore avec la propension de films pornos sur les canaux intérieurs des établissements, alors que la réglementation des parloirs interdit et condamne tous gestes trop intimes.
Combien de gens seraient capables de vivre des années entières ainsi sevrés ?

Laurent, Arles

D'un organe de plaisir et d'amour la prison fait un objet de torture et de haine.

A.A.B.

Fermeture

Dix jours. Plus faim ni soif depuis dix jours avec la seule envie de toi, à crier. Cette chose qui peut rendre tiède et fraîche, qui peut brûler et faire mal.
Ce soir, j'ai aimé en ton nom tous les hommes. Cette peur à l'approche du mâle, ce refus jamais vaincu, l'étrange et l'inconnu, tout cela s'est fondu en joie. Cette joie désespérée que tu as su me donner pour toujours.
J'ai rêvé. J'avais calé ta porte avec mon corps, pour te crier je t'aime parmi tes potes, cependant que tu étais retourné à

d'autres décors. Ah ! N'importe, puisque me sont laissées les nuits douces, où nous nous reconnaissons, cette nuit après l'autre qui me retrouve chaque réveil un peu plus lasse de me réveiller.
Quelle indifférence, leur plaisir. En vain chercherais-je, parmi les leurs, tes mots et ta voix et ta peau. Ami, qui m'as fait mal et bonheur chaque fois un peu plus, je ne pleure pas. Même pas. Peut-être demain nous serons-nous rendus, peut-être jamais, peut-être la route, nous deux, qu'importe ? Il n'y a pas de terre pour notre voyage.
Oh, cher si pareil, comme moi mal cicatrisé de la vie... Vois-tu, j'aurais dû faire gaffe davantage, quand tu me faisais l'amour : serrer un peu moins. On ne sait jamais assez regarder. On saisit, trop fort, oui. La mort même ne ferait pas ouvrir les doigts.

Albertine SARRAZIN,
Lettres à Julien, mars 1958

Samedi

Samedi jour de Saturne. Tentation du néant. Vertige du désespoir, à certaines heures, au cœur de la nuit, quand le silence semble pouvoir s'étirer, étouffé par le chuintement des robinets qui fuient et par les ronflements des dormeurs.

Ils ronflent les dormeurs, comme si le souffle contrarié des prisonniers voulait exprimer à sa manière la plainte des reclus. Comme si ces bourdonnements avaient le pouvoir de conjurer, d'exorciser le regard vide et sombre de cette grande forme voilée, de cette sirène du néant qui vient en silence et à pas de velours vous attirer à ce moment très précis du soir ou du petit matin qui mêle le jour avec la nuit.

Elle semble avoir la silhouette frêle de ces jeunes filles qui peuplaient vos rêves de fin d'enfance. Elle semble avoir les formes plus épanouies de l'amante. Mais elle est en réalité beaucoup trop maigre. Elle a les ongles et les cheveux trop longs et ses lèvres prometteuses ne montrent jamais son sourire avant qu'il ne soit beaucoup trop tard.

Elle a le pouvoir de bercer, d'hypnotiser, d'envoûter. Elle a le pouvoir de libérer, mais son baiser est celui de la goule, de la gorgone, de la furie... Il vous dévore et vous étouffe... Et le ballet nuptial qu'elle ébauche en vous enveloppant ne débouchera que sur la convulsion glacée du tout dernier spasme. Elle a le don de vous permettre d'utiliser toutes les techniques de l'évasion... Elle vous aidera à tresser la corde qui pend, à aiguiser l'objet qui lime, qui pique ou qui tranche, à préméditer le saut libérateur ou à stocker les cachets qui endorment... Et lorsqu'elle aura presque vaincu, lorsqu'elle aura tranché vos veines, étranglé, broyé, violé ou brûlé votre chair, c'est elle en fait qui viendra pomper votre dernier souffle d'air, votre dernière goutte de sang, votre dernier sursaut de vie, veillant tout particulièrement à ce que cet ultime orgasme fasse exploser votre cœur.

Les autres n'auront pas compris. Ils n'auront pas saisi à temps votre infinie solitude, votre indicible détresse. La longue forme sombre qui vous promettait de devenir votre maîtresse, et qui venait chaque nuit vous caresser le front vous aura même accordé quelque temps le pouvoir de leur donner le change, de leur communiquer cette allégresse à cœur battant qui caractérise les amants lorsqu'ils vont aimer.

Mais votre âme déjà sera loin du mitard, des barreaux, de la cellule, des cours de promenade et des douches crasseuses... Elle sera loin des brimades des caïds, de la règle du silence imposé, du long décompte des jours qui s'assassinaient les uns les autres... Elle aura rompu toute entrave, elle aura surpassé le vol de ces oiseaux libres qui migraient vers le sud aux prémices de l'automne, en dessinant le V de la vie, le V de la victoire, à cette altitude où les prisons, les palais, les casernes et les taudis se ressemblent, où l'œil n'arrive à capter que la poussière mobile des humains qui vont et viennent, qui tournent en cadence forgeant un à un les maillons d'une chaîne dont ils ne connaissent ni la source, ni l'embouchure, ni même le sens ou la destination.

Ouverture

Bois cette tasse de ténèbres, et puis dors.
Nous prendrons ta misère ainsi qu'une couronne
et nous la porterons aux jardins de la mort.
Alors toi, comme un somnambule qui frissonne,

te glissant par la porte où ne passe personne,
tu t'en iras cueillir le myrte aux rameaux d'or.
Son éclat et celui de la rouge anémone,
dans la nuit rajeunie, te guideront aux bords

de la vraie vie et du pur accomplissement.
Là les songes sont sûrs, terribles et puissants.
Par le bleu matinal d'un éternel demain

ils viendront tous à ta rencontre, âme guérie,
et tu reconnaîtras, se tenant par la main,
tes grandes sœurs : Amour, Liberté, Poésie.

Jean CASSOU,
Trente-trois sonnets composés au secret

Il est intéressant de distinguer les hommes et leur délit. Car si chacun arrive avec sa propre misère, il débarque dans le monde carcéral avec sa personnalité. Beaucoup dans les prisons sont des récidivistes, voire des multirécidivistes, et la perspective de retourner dans la société ne se fait pas sans quelques arrière-pensées revanchardes. Foule d'entre eux ont fait de nombreux stages intra-muros et leur vie ne s'est bornée et ne se borne qu'à réussir le Gros Coup. De périodes plus ou moins longues ils en sont venus à inscrire la prison comme faisant partie de leur vie et de gérer leur temps de détention en conséquence. Une configuration ludique, c'est triste mais c'est une réalité. Cependant il y en a d'autres pour qui l'enfermement est une première. Leur vie s'en est trouvée bouleversée et plus grave celle de leur entourage. Que ce soit de petites ou de longues peines l'approche du monde carcéral sera une violence quotidienne. Alors, qu'est-ce qui fait que certains se suicident pour quinze jours et que d'autres tiennent pendant des décennies ? Cela relève plus du caractère que du mystère. Fort heureusement le plus grand nombre ne franchit pas le cap du non-retour. Toutefois, sans me tromper, nous y avons tous pensé, ce qui me fait dire, à nouveau, que la prison est mortifère.

Joël

Ne vous inquiétez pas trop pour moi. D'abord parce que votre inquiétude ne changera pas grand-chose à ma condition mais plutôt à la vôtre, et cela dans le mauvais sens... Ici je n'ai droit qu'à une seule heure de promenade par jour dans ce qu'on appelle le camembert. C'est une cour d'environ 25 m^2 avec seulement une ouverture grillagée au plafond, tout le reste est en béton. Le reste du temps je suis en cellule. Je dors, je lis, je tourne en rond indifférent à l'heure qu'il est puisque, primo je n'ai pas l'heure et que secundo les surveillants n'éteignent que rarement la lumière qui reste ainsi allumée toute la nuit. (L'interrupteur se trouve dans le couloir.) J'ai réussi à travers la première grille (très fine) à glisser un petit bout de tissu avec ma brosse à dents, je m'en suis servi pour nettoyer le Plexiglas. Ainsi, malgré les trois grilles successives et le Plexiglas, je peux apercevoir par le petit trou propre : la cour en bas

ainsi qu'au loin la mer et le soleil. En tout et pour tout, je possède quelques bouquins, de quoi écrire (plus pour longtemps, je n'ai plus d'encre !), un lit et une poubelle qui me sert de table. Et j'ai écrit « quelques mots sur le mur, même pas des injures, mais si quelqu'un les entend, Répondez-moi, Répondez-moi... » (F. Cabrel)
Le docteur P vient me voir une fois par semaine. Je lui ai demandé de m'envoyer en psychiatrie, un endroit où l'on puisse vraiment m'aider à résoudre mes problèmes, alors qu'ici, j'ai le sentiment de ne faire que perdre mon temps. Le psy me donne de plus en plus de cachets pour dormir et être ensuqué. Je ne sais pas combien cela fait de temps que je suis là, sûrement pas encore la moitié... Souvent dans la journée, des petits moineaux viennent piailler juste sous ma fenêtre, cela me rassure et me fait du bien. Je me dis que tant qu'ils viendront me rendre visite, il y aura de l'espoir... [...] Il m'arrive aussi de chanter dans ma cellule (tant pis pour les voisins, souvent ils en font autant) et me sont revenus des vers d'Aragon me semble-t-il :
« Changer de lit, changer de corps
À quoi bon puisque c'est encor
Moi qui moi-même me trahis
Moi qui me traîne et m'éparpille
Et mon ombre se déshabille
Dans les bras semblables des filles
Où j'ai cru trouver un pays.
Est-ce ainsi que les hommes vivent
Et leurs regrets au loin les suivent... »

Sébastien

Un grand sommeil noir
Tombe sur ma vie :
Dormez, tout espoir,
Dormez, toute envie !

Je ne vois plus rien,
Je perds la mémoire
Du mal et du bien...
Ô la triste histoire !

Je suis un berceau
Qu'une main balance
Au creux d'un caveau :
Silence, silence !

Paul VERLAINE,
Sagesse

Il y avait tout ce qui gravitait autour de moi. Des ombres, des bruits inhabituels qui amplifiaient mes envies suicidaires ; des pleurs si proches que j'avais cru qu'ils étaient les miens. Des lumières sombres, des odeurs qui œuvraient à mon angoisse. Ce voyage chahuté filait la nausée. Je refusais d'être carbonisé de l'intérieur, d'être ballotté çà et là en aveugle, à la recherche d'un point d'équilibre. Mon cerveau se prenait à dégueuler toute sa colère et son abandon. Je n'appartenais plus au monde des vivants, des espaces et des airs odoriférants. Déjà ! Je n'y étais que depuis une nuit. On me vidait de ma vie, doucement, tout doucement, tellement lentement que je cherchais un angle pour me fracasser le crâne. J'avais été lâche de ne pas l'avoir fait, par peur de l'inconnu et du ridicule à me justifier dans l'au-delà. J'en avais oublié mes croyances, mon éducation et ma terre.

Joël

Finalement, c'est dans la solitude absolue que j'éprouve le plus besoin d'écrire. De vous écrire, mais aussi d'écrire sur mes cahiers les idées qui me traversent la tête. Et je crois que c'est dans la solitude que j'écris ce qui me ressemble le plus. Je passe mes journées ou mes nuits, car je suis complètement à l'envers des horaires, à gribouiller et à écrire, à méditer et à rêver. C'est dans ces moments de solitude que parfois j'arrive à flirter avec le vrai et le profond, enfin avec quelque chose que je ne savais définir, peut-être, la sève même de la vie. [...] Le silence du dimanche matin. On m'a réveillé pour me donner des somnifères (!), mais le dimanche, pas de poubelles, personne ne va travailler aux ateliers, donc, peu de réveils et pour ainsi dire personne dans les cours. Le silence. Je n'entends que le vrombissement du système de ventilation. Peut-être que la prison est vide, peut-être que tout le monde est parti pendant mon sommeil, que le bateau a été abandonné... Aucun son humain n'arrive à mes oreilles – étrange sensation. Même les petits oiseaux souvent perchés sur ma fenêtre sont absents... Je me croirais dans une des nouvelles d'Edgar Poe, à la fois sombre et inquiétante.

Je sais que les moines tibétains s'enferment volontairement dans une pièce obscure et y passent quelques semaines. Seuls, uniquement nourris et abreuvés par un sas, sans jamais parler à personne, complètement coupés du monde dans un but de recherche spirituelle. Cela m'avait toujours fasciné. J'ai bien rêvé moi-même, fut un temps, de devenir moine, de me couper du monde, d'île déserte, et voilà que cela m'arrive quand je n'en ai plus le désir. Remarquez, cela ne m'a pas empêché d'entreprendre un voyage intérieur. Mais je l'ai fait sans guide, en dehors de toutes religions, bien que curieux de toutes, seulement guidé par le hasard des rencontres, des livres qui me sont tombés sous la main et peut-être aussi, sûrement même, à l'écoute de ma petite voix intérieure.
J'aimerais tant arriver à vous parler, que mon cœur s'ouvre enfin comme une fleur printanière. Quoi qu'il ait été dit ou pensé, sachez que je vous aime au plus profond de moi. La haine, la rancœur, etc., aussi grandes soient-elles, ne sont que peu de chose face à l'amour qui par définition porte en son sein l'ensemble du vivant...

Sébastien

Plutôt que lutter, ne vaut-il pas mieux se laisser glisser, faire son trou dans l'océan, laisser le néant engloutir la souffrance à jamais, pour peut-être renaître dans une âme plus pure et bienfaisante, dans une synergie positive que rien n'entache. Cette stupide et défaitiste question revient sans qu'on l'invite et s'impose presque parfois comme la seule alternative. Peut-être parce que le fait d'être en rupture avec sa vie passée et non en phase avec sa vie d'après place cette question en position de force dans ce no man's land de la pensée. Elle a tout l'espace pour faire son lit, la garce, se nourrit de chaque raté, qu'il s'agisse d'acte, de parole ou de pensée, elle se gorge du sang anémique d'une pensée chancelante. Comment tordre le cou à cette perverse redoutable, cette buveuse de sève qui ne prône que le néant idéal et incontournable ?

Francis, Poissy

Où que tu sois c'est à toi que j'écris, toi qui es entré dans ma cellule un lundi soir de février. Tu avais l'air de ceux qui cherchent leur pitance depuis trop longtemps. Au fond de leurs orbites creusées par l'insomnie de la garde à vue, tes yeux témoignaient de ton désarroi et de tes peurs. Avec tes guenilles, même un clochard t'aurait donné une aumône de quelques francs. Soulagé de n'être plus entre les mains de la police, après un long silence, tu t'es mis à parler de tout et de rien durant des heures. Comprenant ton désir de « vider ton sac », je t'ai écouté. Plus tard nous avons partagé le pain et l'eau. Nous n'étions pas issus du même monde. Tu venais de la rue. J'étais sorti d'un douillet cocon bourgeois.
Nous n'avions en commun que le statut de détenu. Pourtant nous nous comprenions au travers des silences et des rires que nous avons eus durant cinq jours. Nous commencions à nous tolérer, voire à nous apprécier. De tes affaires de drogue je me fichais, comme tu n'avais probablement rien à faire de mon crime. Nous voulions simplement redevenir humains.
Au sixième jour, nous nous sommes rendus ensemble au parloir. Toi pour le premier avec ta femme depuis ton arrestation ; moi pour un autre avec ma compagne et mes enfants. J'en suis revenu, comme chaque fois, heureux d'avoir pu recharger mes batteries affectives. Mais toi, tu pleurais. Un homme qui pleure est toujours désarmant, alors je n'ai rien osé dire. Je sentais que tu avais besoin de solitude. Nous avons partagé la gamelle en silence puis, allongé sur mon lit, j'ai regardé le film du soir alors que sur ta couche, au-dessus de la mienne, j'entendais tes sanglots. J'ai fini par sombrer dans un profond sommeil en rêvant de ma femme et de mes enfants. Que s'est-il passé dans ta tête ?
À minuit passé tes gémissements m'ont réveillé. Dans la pénombre de la cellule, aux murs de laquelle se projetait l'ombre des barreaux et du grillage, tu as fini par m'appeler au secours dans un râle faiblissant. Encore comateux de

mon sommeil interrompu, je me suis levé et ai allumé pour découvrir avec horreur le carnage. Au travers du matelas de mousse, ton sang avait fini par filtrer et me couler dessus. Par réflexe, plus que par ressentiment, je t'ai engueulé, traité d'abruti, parce que tu avais choisi la façon la plus lâche de mourir. J'ai tapé de toutes mes forces à coups de tabouret dans la porte et hurlé à m'en éclater les poumons pour appeler de l'aide. Mais le temps que les secours arrivent de l'autre bout de la maison d'arrêt, tu as paniqué en voyant ta vie s'écouler.
Je me souviendrai toujours de l'image de cette lame de rasoir sur la table et de ce morceau d'étoffe rougie qui t'avait servi de garrot. Tu as voulu te lever dans un ultime sursaut vital. Ton cœur n'avait plus assez de carburant. Avant que la petite flamme de vie qui te restait ne s'éteigne tu m'as soufflé : « Dis-lui que je l'aime et que je lui demande pardon. » Et le rideau de fin est tombé.
La liberté que tu avais eu tant peur de perdre est revenue te chercher par une froide nuit d'hiver. Personne ne connaîtra jamais les raisons de ton acte mais sois tranquille : avec toi, « l'action de la justice s'est éteinte », comme il est désormais écrit au bas de ton dossier classé sans suite.

Collectif, Poissy

Tempo... Tempo... Tem... po...
Le temps me fait penser à l'eau...
Il devient fluide, il devient insaisissable
On croit le tenir, se l'approprier, mais il s'écoule ailleurs.
Indomptable, pourtant si doux et si calme, Finirai-je par croire qu'il est sournois ?
Parfois, j'ai l'impression d'être au milieu d'un océan, Une immensité d'eau salée, hostile à mon bien-être, Agressive pour mon corps mais si calme, latente et plate.
De petites vaguelettes, à peine frémissantes, à peine visibles
Sont enfouies en moi et me secouent encore...
Comme ça, au hasard, sans qu'au-dehors l'on sente la moindre brise
Les causes en finissent par être loin de moi. Je ne vois plus rien que cette immensité...

Je ne vois plus l'horizon qu'en l'imaginant. Je voudrais m'engouffrer dans ce liquide, Plonger et entendre le silence, Sonder cette matière et en comprendre l'essence. Mais sa profondeur m'effraie.
Je sais que plus je descends et plus c'est calme,
De cette sorte de calme... qui vous écrase, qui vous compresse.

Éric, Arles

Ce soir j'irai dormir
Dans l'éternel
Le bon sommeil de ceux qui ont enfin compris
Qu'il n'est pas de repos si le temps ne s'arrête
J'ai fui toute pensée
Et cependant je suis
Je ne puis devenir la belle mécanique
Que promettaient mon corps et mes mains et mes actes

Et je pleure d'effroi devant le jour prochain
L'animal
Dort en félicité tant qu'il n'a pas appris
Que le soleil est glace
L'amitié ce cri
Que l'on jette à soi-même
Que l'endroit et l'envers sont deux
La même chose humaine
Dormir
Je vais dormir sans fin parmi la terre aimée
Chaude terre où le cœur se crée autre
Et ne le sait
Moi qui de bien longtemps ai perdu
Le souvenir de l'eau
Froide et vivante
Être un corps balancé de rocher en rocher
Et pour se retrouver aux nuits où l'on s'aimait
Dormir enfin sans rêve mauvais
Sans réveil monotone et sans bruit et sans cri
J'ai bien trop détesté
J'ai trop voulu et je voudrais
M'arracher la cervelle
La jeter dans un coin
Puisqu'elle fut le pauvre instrument

Comme le vieil outil à l'ombre délaissé
Comme l'enfant cruel qui n'est pas encor né
Reposer je m'en vais
Dans les entrailles de ces puissantes ténèbres
Me fondre en d'autres nuits bénies
Être la nuit
N'être plus rien
Deux dates de pierre
Dans mille cimetières.

Albertine SARRAZIN,
Fresnes, 1954

Je crois qu'il est crucial que le monde entier se rende compte que pas un seul homme ne devrait être tué au nom de la justice, du peuple ou de la société. [...] Je crois que ni la société ni aucun être humain ne devrait jamais abandonner une vie.
Il n'y a aucune justice à tuer ceux que l'on accuse d'avoir tué et d'être des criminels. C'est pourtant ce que fait « la peine de mort ». Elle tue ce dont la société souhaite se débarrasser. La prochaine fois que vous vous regarderez dans une glace, pensez, pendant un instant, que vous pourriez être à ma place, écrivant ces lignes, c'est aussi simple que ça.
Ma vie, ma liberté et bien d'autres choses m'ont été enlevées je ne peux serrer ma mère dans mes bras, ni mes enfants, ni même embrasser quelqu'un que j'aime. Je suis considéré comme un cancer par cette société. J'y suis considéré comme quelque chose que je ne suis pas véritablement, comme un animal indigne de vivre sa vie et pourquoi cela ? Parce que d'autres êtres humains m'ont jugé et ont condamné ma vie même. Maintenant je ne peux espérer qu'en l'amour, l'aide, le soutien de mes amis et des gens que j'ai aimés qui sont étrangers à ma vie. [...]
Si cette société doit être copiée, alors nous serons vraiment dans le chaos.

Odell BARNES,

Je trace des mots, mot à mot, mot à mot, des mots qui tirent après eux d'autres mots, des mots qui vont chercher des choses en moi, je ne savais pas qu'elles y étaient, et cela fait encore des mots et des mots. Pour tuer le temps. [...] Pour émietter le temps en pratiques infimes, en petites routines, en actes nuls. Pour que notre vie s'en aille en poussière. Et quand ce sera fini, si cela finit jamais, tant de mois, tant d'heures, ça ne fera plus qu'une insaisissable poussière.

Lire aussi, c'est un assez bon moyen de tuer le temps. Il y a des types qui lisent toute la journée. Des livres qu'on se refile de l'un à l'autre, des bouquins graisseux et déchiquetés. Ça a servi à tout le monde. C'est rapiécé, rapetassé, effiloché. Plein de taches de doigts et de traits de crayon. De tristes bouquins où se sont traînés Dieu sait quels rêves obscènes. Tristes comme les rues, comme les murs. Comme tout ce qui a été frotté, usé, sali par tout le monde. Comme un corps de fille où tout le monde s'est vautré. On lit n'importe quoi. Des bouquins pour apprentis et pour femmes de ménage. Celui-là ou d'autres, qu'est-ce que ça peut faire ? On ne choisit pas plus ses livres que ses compagnons de latrines. On lit pour lire. Pour s'engourdir, se défaire et se perdre. Se vider de soi. S'abandonner au sortilège monotone des signes. À la puissance des signes qui cheminent, noir sur blanc, inépuisables foules naines parmi des plaines renaissantes, interminable petite pluie noire, battement noir des secondes dans le vide du temps.

Ce n'est pas beau à voir, des liseurs. Ça vous a de ces pauvres gueules de somnambules et de maniaques. On voudrait les secouer, les réveiller, les tirer de force de leur ravissement hagard...

Georges HYVERNAUD,
La Peau et les Os

Il a fait singulièrement froid, la nuit dernière. Je n'ai pas pu m'endormir, une sorte de fureur contre moi-même m'avait envahi et j'ai pensé – au suicide.

J'en avais honte et je me repentais au même moment ; mais j'y ai pensé, longuement et vivement. Dans un envoûtement noir, je pensais à la mort comme à quelque chose de merveilleux, de facile, et de beau, mais à quelque chose qui ne doit pas être. Et le fait que je n'ai pas le droit de mourir me faisait mal dans ma conscience de nuit blanche, comme un devoir trop sévère et difficile, presque comme une injustice.

Je ne pouvais pas me réchauffer, mais à la fin, tout engourdi par le froid et dans une douleur diffuse, je me suis endormi. Lorsque je me suis réveillé, je me sentais comme si je venais de naître une seconde fois. Ce fut ma nuit la plus terrible en cellule.

Ivo ANDRIC,
Inquiétudes © Éditions du Griot, 1993

Une perte de conscience du quotidien, on plonge directement dans le rêve, sans réelle connexion avec l'avant et l'après. Un espace-temps imprévu où l'on se sent bien, il est automatiquement rangé dans le tiroir du rêve, donc du relatif à l'inaccessible. De l'autre côté de la barrière, du côté glauque, les seuls vrais espaces reproductibles de bien-être sont du domaine du rêve, le bien-être, même postérieur à la torpeur glacée, lui devient donc associé, synonyme, artificiel. Il faudrait dissocier ce concept, briser cette collusion, il faut y parvenir ou bien sombrer, n'est-ce pas ? Mais cette question lancinante surgit, tel le leitmotiv du marin en perdition dont le navire va sombrer : Plutôt que lutter, ne vaut-il mieux pas se laisser glisser, faire son trou dans l'océan, laisser le néant engloutir la souffrance à jamais, pour peut-être renaître dans une âme plus pure et bienfaisante, dans une synergie positive que rien n'entache ? Cette stupide et défaitiste question revient sans qu'on l'invite et s'impose presque parfois comme la seule alternative. Peut-être parce que le fait d'être en rupture avec sa vie passée et non en phase avec sa vie d'après place cette question en position de force dans ce no man's land de la pensée. Elle a tout l'espace pour faire son lit, la garce, se nourrit de chaque raté, qu'il s'agisse d'acte, de parole ou de pensée, elle se gorge du sang anémique d'une pensée chancelante. Comment tordre le cou à cette perverse redoutable, cette buveuse de sève qui ne prône que le néant idéal et incontournable ?

Francis, Poissy

Soyez persuadés que j'aurais vraiment voulu être raccourci, tant pour ce que j'ai fait que pour la perspective qui s'ouvrait devant moi. Comment concevoir passer toute sa vie, et ce à 22 ans, entre des murs qui vont se rapprocher de plus en plus avec le temps ; l'arbitraire du monde carcéral, les envies suicidaires qui vont se succéder, les fouilles à corps, les coups, les insultes, les frustrations, les humiliations, l'avilissement, les haines qui s'accentuent, les chaînes, les mitards, les humeurs des gardiens, leur besoin de se satisfaire sur nous, leur sarcasme, leur provocation, les conflits avec les autres détenus, les mensonges, l'hypocrisie et dissimulation en tout genre, la parano, sa misère et celles des autres, les odeurs, les bruits étouffés, les cris, les pleurs, la folie qui guette, la libido qui fout le camp, la masturbation, la bouffe, les maladies, le morbide, les tentations, les cauchemars, les nuits blanches, les déceptions, les amitiés balourdes, les trahisons, l'indifférence amplifiée, l'ostracisme, le racisme des matons et des détenus, la peur au ventre, la honte, les envies de chier, le mal de dents, les maux de tête, les cachets, le pète, la déraison, l'abandon, l'oubli de ce qu'on a été, la méchanceté des pauvres, les revanches avortées, les colères, les punitions, l'infantilisation, l'irresponsabilité, l'assistanat, l'enracinement végétal, les balades en fourgon, les menottes, les instructions, le jugement, les bagarres, l'accusation, les pensées morbides, les cent mille pas, les regards indiscrets, les illusions d'évasion, le soir, la nuit, la pénombre... L'attente. Combien de sensations ai-je oubliées ?

S'apercevoir que se dessine un tel avenir ne demande-t-il pas de réfléchir sérieusement à sa mort ? Qui peut s'en soucier ? Il s'agit de moi et j'en parle à ma façon en souffrant de ne plus rien regretter. De me dire, qu'est-ce qu'il peut bien m'arriver après tout ça ?

Je suis en vie malgré tout et comme le reste ne le regrette pas. Ainsi c'est donner raison à ceux qui pensent que la peine de mort est inhumaine et contraire à la vie. Pourtant, m'ssieurs dames, il y a au fond de vos prisons des individus qui auraient souhaité la condamnation suprême pour ne plus vivre le calvaire de se réveiller chaque matin les yeux bloqués par les barreaux, l'œilleton rivé sur leur cul et les piteuses érections. C'est chaque jour s'enfoncer un peu plus en soi, et si on n'y fait pas gaffe, c'est se bouffer le moral pour n'être qu'un légume qui s'alimente et se vide pour découvrir finalement qu'on n'est plus rien. Qu'y a-t-il de

pire que cela ? N'être rien, ne servir à rien et en avoir conscience, c'est donner un argument de poids à tous ceux qui étaient (et qui sont) contre l'abolition de la peine de mort de savourer leur erreur d'avoir pensé cela.
[...] L'homme à se recroqueviller finit par puer de l'intérieur.

Mortifères sont peines !

Joël

Je suis contre la peine capitale. [...] Mais en prison, la mort ne fait pas peur. Ce qui fait peur, ce sont les vingt ans à passer dans une cellule.

Michel, Dijon

Je voulais ma mort plus que l'enfermement à vie. On tient compte de ce souhait pour affiner le poids du repentir. Ils se sont trompés par l'abolition, croyant à leur humanisme ils entérinent une peine mortifère, un cloisonnement où la torture psychologique laissera plus de cicatrice qu'un regret d'avoir condamné un individu à la peine capitale.
La mort fait partie de la vie.
La prison détruit le sens même de la vie.

Joël

Cette mort qui m'obsède depuis notre face à face dans l'aube. J'ai voulu la suivre, mais elle m'a rejeté comme un malpropre. Depuis, je rôde, je la cherche dans les moindres recoins de ma réalité. Son essence emplit le temps, que tant de poignets tentent de freiner. Je ne porte plus d'aiguille, laissant à la faucheuse le soin de me rappeler l'heure qu'il est. Peut-être pointera-t-elle le bout de sa capuche. [...] Oui j'ai fait le choix du meurtre, dans la panique. Bien lourd ce fardeau, sur les épaules de ma mémoire. La peur a cette façon de se rire de toute culpabilité. Elle passe à l'acte, se moquant de l'avis. Je n'y peux rien, et pourtant, il faut prendre comme un tout cette impuissance face à la terreur. La responsabilité est trop forte, trop intense, chaque jour un peu plus. Je saigne d'être avec ce manque qui vide l'existence. [...] Ma raison est malade de tant d'horreur...

Nicolas, Melun

Je vais sortir après plus de sept ans, et déjà, je me rends compte que je ne serai jamais ce que l'on pourrait appeler un homme normal. Toutes les saloperies que j'ai connues au cours de cette détention font que quelque chose est brisé en moi...

Michel, Dijon

Cette inaptitude à réaliser plus loin que l'instant. Vision de clichés en clichés, de plus en plus grossiers. Régression de la taule. Comme des animaux enfermés inaptes à revivre dans leur ancien environnement. C'est d'ailleurs ainsi qu'on justifie l'existence des zoos : les animaux captifs ne peuvent être rendus à la liberté. Ils crèveraient, rejetés par leurs congénères, incapables de redevenir des animaux libres. Il en est de même pour les taulards : viol des consciences, régression instituée, modification de la personnalité, mutilation monstrueuse.

Maurice

Je suis fatigué, épuisé, à plat, mais je ne me rends pas. Aujourd'hui, j'affronte la vie comme elle vient. L'enfer ne me fait pas peur, c'est plutôt mon domaine. Ce que je crains, c'est l'étage du dessous. La folie.

Jean

Fermeture

Il fallait mettre fin à cette ronde infernale. [...] C'est un énorme gâchis et si je me suicide, c'est par désespérance envers moi. Comprenez, je suis mort désespéré mais pas dépressif.

Depuis deux ans, je pense mettre un terme à cette situation. Le recours à l'évasion ayant échoué, il me restait l'autre évasion... Je suis mort à vingt-cinq ans. [...] Tous les jours, je crève, j'ai mal. Terriblement. À croire qu'un cancer me dévore... Je vous quitte empli de haine et d'amour. De l'amour que j'ai raté, de l'amour que je n'ai pas eu, de l'amour que je voulais donner. Bonne chance.

Taleb

Dimanche

Dimanche, jour du soleil, jour de la lumière, jour de la résurrection, jour de Dieu.

Votre château est entouré de grands miradors, et ses murs en font un palais redoutable... Un barreau vous sert de sceptre et vous portez sur le front votre couronne de barbelés...

La prison pourrait vous avoir tout repris, tout volé, tout confisqué ; définitivement. Votre volonté de vivre et d'espérer. Vos joies. Vos tristesses. Vos doutes. Vos envies. Vos gourmandises. Vos appétits. Vos désirs. Vos souvenirs. Vos projets. Votre enfance. Vos sensations. Vos goûts. Vos rêves.

Elle aurait pu rendre en vous à tout jamais indélébiles le chagrin, la haine, la rancœur... Elle aurait pu vous rendre insensible, indifférent à la douleur des autres, tel – dans les contes de votre enfance – Hansel dans le palais de glaces de cette méchante fée qui lui avait planté un glaçon à la place du cœur. Vous auriez pu perdre le sens de la compassion, le sens du remords, le sens de l'autre et du pardon...

Et si vous êtes arrivé à ne pas glisser dans l'œil insondable du gouffre qui borde vos pieds, si la prison ne vous a pas définitivement brisé bien avant de rompre vos chaînes, si la mort ne vous a pas griffé la gorge en vous étreignant, il se peut alors que la prison vous ait rendu l'essentiel.

Vous avez dû vivre le chemin de croix du paria, l'exil du banni. Vous avez été lapidé par les mots, par les regards et par les souvenirs. La meule de la justice des hommes vous a donné l'avant-goût de la poussière dans laquelle finit toujours par se résorber toute aventure terrestre. Elle aurait pu vous inciter à la révolte décisive, au grand reniement de l'univers. Vous auriez pu devenir cette bête fauve dont le cynisme et la cruauté se forgent dans le carcan des murs à l'ombre des barreaux.

Mais en continuant à boire le vinaigre de la honte, jour après jour, à petites gorgées, pendant des années, en perdant au fil du temps carcéral les multiples accessoires de la vanité humaine, vous avez bien compris que l'homme commençait déjà à être lavé de ses fautes dès lors qu'il était rejeté par son clan et mis au ban du grand cirque de l'humanité. La prison vous a dépouillé de vos masques ; elle a détruit votre carapace après avoir failli la renforcer. Elle vous a guéri de votre volonté de paraître et de domination ; de ces scories de l'âme qui resteront derrière vous, incrustées dans la vermine des douches, inscrites dans la sueur des caïds, ou fixées dans le regard des matons. Vos mains se sont ouvertes, votre cœur s'est épanoui.

Au terme de votre détention, la levée d'écrou ne sera qu'une formalité presque incongrue : vous irez alors rejoindre ces millions d'hommes et de femmes qui croient profiter de la vraie liberté, enchaînés dans leurs horaires et dans leurs hiérarchies, coincés dans le carcan de l'illusion du pouvoir et dans les sables mouvants de l'hypocrisie, pris au piège de l'image qu'ils se sentent condamnés à donner d'eux-mêmes pour avoir le sentiment d'exister.

Vous irez rejoindre vos semblables et vous découvrirez qu'ils sont en détention préventive sans le savoir et qu'ils balancent tous sans toujours se l'avouer entre l'attente angoissée du jugement dernier et la crainte stérile de la sanction absurde du grand néant...

Ouverture

Dimanche. Pour un détenu, aucune différence, fût-elle insignifiante, ne distingue le dimanche des autres jours. Le rythme des semaines est ainsi brisé. La fuite du temps prend une uniformité surprenante. Il suffit de l'abolition de cette habitude, dont on ne mesurait pas l'importance, pour ôter à la durée toute réalité, pour faire de l'existence une chose vague et sans limites. Instinctivement, on veut à tout prix que ce soit dimanche et l'on n'a de cesse que l'on n'en ait trouvé un signe. C'est ainsi que, quand on a découvert qu'il y a aujourd'hui moins de surveillants en service, on est soulagé, heureux. Dieu merci ! c'est tout de même dimanche, puisqu'il y a deux surveillants de moins dans la cour. Il n'y a plus de dimanche pour moi, mais il y a encore un dimanche pour les surveillants. Le dimanche existe toujours. C'est donc que la vie normale n'est pas abolie, qu'elle se poursuit encore quelque part, que je pourrai un jour la retrouver. Rêve indistinct du prisonnier. Par cette pente, l'esprit découvre la place immense qu'occupent dans notre vie les habitudes, celles qui y sont à ce point entrées qu'elles sont devenues insensibles. Un homme sans dimanches, fût-il aussi peu religieux que possible, n'eût-il aucun besoin de repos, serait tout à coup effaré, désaxé. [...] Une des plus grandes difficultés rencontrées par les Soviets dans leurs réformes sociales fut de faire accepter la division du calendrier en décades, la fixation du repos au dixième jour et la suppression de ce dimanche ancestral qu'on ne passait pourtant plus guère devant les icônes.

Jean ZAY,
Souvenirs et solitude

La loi des hommes est cruelle, elle frappe parce que c'est la coutume de frapper certains actes, et le jugement des esprits suit celui des idées parce que nous ne croyons que ce que nos yeux nous montrent, et que nous prenons pour une force et une vérité ce qui n'est qu'imperfection et faiblesse. Je ne cherche pas à me justifier, mais je tiens à ce que toi, qui par les liens du sang chercheras certainement plus tard à m'excuser ou à comprendre mes actes, puisses avoir matière à jugement et que tu saches que ton père n'est pas celui que ton imagination pourrait te dépeindre, mais qu'il a quelque chose de fort et de vrai à te donner, en tant qu'un homme puisse jamais donner quelque chose à son semblable. Si je réussis à la fin de ces pages à te faire toucher ce que peut être la vie, la vraie vie, celle qui débute dans ce monde pour s'épanouir là où tout est lumière, si tu as pu pressentir la grandeur et le prix d'une âme, et le peu d'intérêt de ce qu'on appelle la « réussite terrestre », ces lignes ne seront pas vaines, et peut-être toi-même un jour, devant Dieu sait quelle épreuve, tu puiseras dans cet exemple si près de toi la force et le courage de discerner de quel côté vient la lumière.

Jacques FESCH

Je reste le Michel ; je vais m'améliorer en créant des toiles et des écritures ; je pense que ma vie pourra au moins servir sans honte, car en culture, il n'y a pas de « prisonnier », tout est liberté. Je me souviens qu'un jour, nous parlions toi et moi d'une évasion par la culture ; je pense que ce jour, je ne suis plus un prisonnier, mais un garçon qui crée et vit pour créer l'avenir d'un passé... L'expression est enfin née, et je vais persévérer ; tu vas être content de m'écouter et de voir ce que j'aime. Et si d'autres personnes viennent voir le Michel, ils me connaîtront comme une image parlante.

Michel, Saint-Maur

Bienheureux celui qui pleure, bienheureux... oui, car le malheur a ouvert la conscience et aussi les yeux, à moi, le mufle, celui qui regardait les autres de loin. J'ai perdu ma vie à être mal éclairé ; j'aurais dû chercher vers vous, mais je croyais cela impossible. L'erreur est humaine. Je ne suis pas mort-vivant, j'ai mon cœur qui bat, et ce jour encore, comme pour vos venues, il bat d'amour pour vous. Je vous aime car vous prouvez que je peux être aimé... Je ne suis plus orphelin, je suis avec l'amitié qui sera pour toujours en moi et pour tous ceux qui veulent m'aimer. Je donnerai ma grâce et prendrai des années de vie pour vous montrer que je vis dans le courage que vous me donnez. Si je pouvais crier au-dessus des murs et dire à tous ceux qui nous haïssent combien il est bon d'être aimé ! Si je pouvais leur dire que leur sécurité est dans ce contact humain et culturel ! Je suis heureux et fier de prendre la plume pour t'écrire mon cœur. Je ne sais pas dire les mots d'amour fraternel, mais je peux l'écrire, le dessiner, et prier. Combien de pauvres déchus n'ont pas ce bonheur ! Combien de déchus n'ont pas ce bienfait de la punition, à travers laquelle on retrouve la valeur humaine ! Que Dieu fasse qu'un jour les charlots des gouvernements comprennent cela ! C'est là l'assurance d'une future sécurité. Pour moi, ça devient un devoir de vous prouver que je suis coupable, un devoir aussi de vous parler, une honnêteté plus pure que la justice et que la peine. L'expression sincère ne donne de fruit que si l'arbre qui la soutient n'est pas de bois pourri.

Michel, Saint-Maur

Tu sais, cher Benoît, si je devais dessiner ou peindre ma vie, je n'aurais qu'une couleur : le noir, et mon œuvre ne serait au milieu de la toile qu'un point. Mon œuvre s'arrêterait là, mais je ne veux pas peindre ma vie, c'est un crime de peindre une vie, je veux peindre le sentiment, l'expression de ma vie, pauvre ou riche, je veux donner des couleurs qui remplaceront mon langage, ou même mes larmes.

Michel, Saint-Maur

Je ne peux me complaire dans la facilité. J'ai un besoin de me dépenser, de lutter pour exister. Chaque jour est un nouveau combat, non ? Je crois que cette attitude est essentielle quand on est condamné à des années. Il faut que, même derrière les murs, ma vie ait un sens. Sinon, à quoi servirait-il de continuer à vivre ? Je me vois mal accepter des années et des années dans la passivité. Il me reste trop à faire et je ne tiens pas à baisser les bras. Il y aura toujours quelque chose contre quoi se révolter. [...] Seule mon enveloppe est en prison. Moi, je suis ailleurs. Et souvent, très loin.

Jean-Michel

Condamné à vivre, j'avais le choix entre trois options. Le suicide ? je ne suis pas armé de ce courage-là. Et je n'aurais pas respecté la promesse faite devant la Cour. Me laisser vivre ? Ce choix aurait sans doute convergé un jour ou l'autre vers la première option. Je me suis donc lancé à corps perdu dans les études. Il ne s'agissait pas d'un simple passe-temps. Les jurés ne devaient pas regretter de m'avoir laissé vivre. Mais au cours de ces années, je n'ai pas été seulement une machine à emmagasiner les connaissances. J'ai aussi progressivement freiné ma fuite du moment présent et de cette réalité carcérale que j'abhorrais. J'ai utilisé cet isolement pour réaliser une longue introspection sur l'acte abominable que j'avais commis. Placé seul face à mon crime, j'ai appris à le haïr. J'ai senti grandir en moi le sentiment moral. Je me suis servi de ma solitude comme d'un instrument de réforme...

Patrick HENRY

Le doute s'installe sur la capacité de vivre dehors après tant d'années. On te le dit souvent : « Il y en a dehors qui n'ont même pas ça ! » Si t'es là, c'est que tu as un point de rupture.
Quand on sort après dix-huit ans, on a un problème de communication avec les autres. On est écorché vif, hypersensible, intransigeant. Mais en même temps la gentillesse des autres envahit. Quand je suis sortie au début, je rentrais dans une boulangerie acheter une baguette, j'avais envie de dire quinze fois merci ; je ne savais plus comment faire avec les autres ; surtout avec les hommes ; je les écoutais avec une telle attention, une telle intensité, une telle écoute qu'ils se méprenaient.
L'affectivité est affectée. On vit sur des sentiments extrêmes, on a donc des difficultés à vivre normalement dans le banal en sortant.
C'est coûteux de se reconstruire une vie quand pendant des années on t'a foutu dans la tête que tu ne méritais pas de vivre.
La prison, c'est un échec personnel ; ce qui est difficile, c'est la honte et le jugement des autres : même si t'as payé, tu n'as pas fini de payer.
Quand on sort, il y a un grand décalage avec les autres : on ne sait pas de quoi les gens parlent. Même si on a écouté la radio ou regardé la TV, la TV et le poste, ce n'est pas le dehors. Même si on a écouté les mêmes musiques. On ne sait pas que dire, on écoute. On trouve qu'ils se prennent la tête avec des trucs de voiture, d'assurance, ils s'arrêtent sur des détails. Ils sont dingues de parler que de petits trucs.

Clara

Bien cher Benoît,

Un jour je t'avais écrit : « C'est dans les ténèbres que l'on découvre la clarté de la Vérité. » C'est un peu cela que tu m'écris ce jour. La « Lumière », c'est comme une image que tu veux obtenir, et je l'obtiendrai. J'en suis sûr.
D'accord, Benoît, si un jour tu peux faire connaître – non pas Michel – mais le détenu dans son combat pour essayer de changer. La Source. Tu écris cela. C'est un mot que je

voudrais connaître en réalité ; connaître un « pourquoi » et revenir à la source afin de remonter le courant, ainsi je saurais peut-être pourquoi j'ai nui. Et puis je saurais bien d'autres choses qui pourraient m'aider à reconstruire une jeunesse dans mon âge, car je ne ferais plus du tout la même vie ; sachant ce que je sais maintenant, je ferais une vie dans l'art, et l'art dans ma vie ; ainsi il y aurait eu un équilibre. Bien sûr, je n'écris pas cela pour chercher une excuse. Je ne puis être pardonnable, mais c'est une pensée que j'ai parfois. [...]
Je fais du courrier pour retrouver l'expression morale, c'est-à-dire revenir aux beaux et bons mots français ; ainsi je me guéris de mes mauvais mots qui s'incrustent en moi (langage carcéral) ; et crois-moi, Benoît, ça me purifie vraiment ; j'en arrive presque à sentir une certaine noblesse. C'est incroyable ce que l'écriture peut donner à l'homme, surtout si l'homme se débat dans les milliards de mots désignant l'impureté ; car c'est très facile de trouver un sale mot, mais en trouver un bon, c'est très difficile.
Voilà, mon cher ami, la petite bafouille se termine, mais sache que je reste en pensée auprès de toi.

Michel, Saint-Maur

C'était la fin d'une journée agitée, d'une saison froide, d'une année comme les autres. La pendule, devant moi, indiquait non loin de neuf heures et demie du matin lorsque la greffière m'a rendu mon portefeuille, mes clés, ainsi qu'une petite somme d'argent. J'ignore pourquoi, assise, en me tournant à moitié le dos, elle avait l'air de pleurer. Pendant un instant, j'ai cru sérieusement que c'était à cause de moi. J'étais mal à l'aise. Je ne savais quoi lui dire. Mais quand elle s'est relevée pour me présenter un énorme registre, j'ai compris que c'était une impression fausse. J'ai signé à côté de mon nom et je n'ai plus fait attention à elle, jusqu'à ce que je l'entende me dire : « C'est tout. Vous pouvez y aller. »
J'ai suivi deux surveillants et un brigadier vers la sortie. Nous marchions vite. [...]
Dehors, une odeur agréable est montée vers moi. Une odeur familière, mais que je n'arrivais pourtant pas à reconnaître. Je suis resté debout non loin de la porte. Il faisait

froid et il bruinait beaucoup. Autour de moi, le vent faisait onduler le gazon à mes pieds comme un drap. Au-dessus des hommes et des miradors, le ciel du matin était d'argent sous la pluie fine qui s'était mise à tomber par petites rafales intermittentes. J'ai scruté plus loin. En face, à l'entrée du parking, il y avait une cabine téléphonique. Une seule. Plus bas et plus loin encore, je voyais une grande route en spirale qui s'enfonçait vers d'autres horizons, vers d'autres frontières, et, bien au-delà, toute une rangée de maisons et de constructions aussi difformes et lugubres les unes que les autres. Mais tout autour, c'était le vide [...].

J'ai décidé d'attendre dans la cabine pour me protéger de la pluie qui commençait à tomber de plus en plus fort. Mais à peine avais-je fait quelques pas qu'une extraordinaire sensation de vertige s'est emparée de moi. Je me suis arrêté net. La terre s'est mise à basculer. Je sentais le métal du ciel tout proche, comme s'il allait s'écraser sur ma tête. J'ai fermé les yeux, croyant bien faire. Les petites gouttes de pluie me cinglaient le visage mais je n'osais faire un pas. Je serrais très fort mon sac contre ma poitrine. Lorsque j'ai rouvert les yeux, j'ai cru un instant que j'allais me laisser tomber par terre et m'accrocher au goudron. Je fixais pourtant le sol et je guettais quand, brusquement j'ai senti mon ventre qui remontait dans ma gorge comme une main crispée. Alors, sans plus attendre, je me suis lancé dans le vide, jetant les pieds n'importe comment, jusqu'à la cabine. Je l'ai contournée et je me suis plié en deux pour vomir. En dépit des efforts et des convulsions, rien ne voulait sortir. Je me suis rappelé que je n'avais pas mangé depuis avant-hier. J'ai craché plusieurs fois. Puis je me suis assis un moment contre la cabine. L'air frais et la pluie me faisaient beaucoup de bien.

Peu après, j'ai commencé à avancer, prudemment, presque à tâtons, en m'arrêtant de temps en temps pour guetter. Je n'ai plus rien senti et j'ai continué tout droit, vers l'abribus. Finalement, la ville n'était pas loin. Malgré la lenteur du chauffeur et les fréquents arrêts qu'il a effectués, quel n'a pas été mon étonnement de la voir surgir brusquement devant nous. J'avais l'impression – et je ne sais pas pourquoi – que la prison était bien isolée, à plusieurs kilomètres, quelque part dans la campagne. Mais cela n'a plus d'importance à présent. D'ailleurs, dans ma cellule, d'une manière ou d'une autre, tout me paraissait loin.

Je me suis promené de par les rues toute la matinée. Mon corps était rempli d'enthousiasme : j'avais l'impression d'être quelqu'un d'autre que moi. Les rues avaient une odeur singulière qui m'empêchait de respirer, et pourtant, autour de moi, tout avait l'air normal.
Je marchais toujours. J'ai remarqué qu'il y avait beaucoup de jeunes filles dans les cafés. Toutes étaient belles. Souvent, l'air de rien, je m'arrêtais pour scruter l'intérieur. Mais je n'entrais pas. Je regardais avec avidité les clients, les machines, les boissons. Mes yeux allaient des uns aux autres avec une rapidité animale et détaillaient tout ce qu'ils rencontraient avec une sollicitude profonde et appliquée. À la longue, cela m'a complètement épuisé. J'en ai eu plus qu'assez et je me suis arrêté dans un coin pour réfléchir. J'étais hors d'haleine. J'avais envie d'entrer dans un café, mais je ne savais pas lequel. En fin de compte, j'ai choisi celui où j'avais aperçu le plus de monde, surtout des jeunes filles. J'ai pensé aussi que j'y mangerais bien quelque chose, parce que j'avais faim.
En remontant le boulevard, je me suis surpris en train de marcher vite et j'ai ralenti le pas. J'étais tellement étonné que j'en ai eu honte. Il y avait aussi autre chose qui me gênait beaucoup depuis que j'avais quitté la prison : j'avais l'impression que je surveillais trop les regards des gens. Malgré moi, d'ailleurs. J'arrangeais ma démarche – à laquelle je n'avais rien à reprocher – et je contrôlais le moindre de mes gestes. Je pensais bien que c'était insupportable, surtout si cela devait durer. Je ne prenais aucun plaisir à cet exercice. Mais je continuais.

Karim SARROUB,
À l'ombre de soi

Ceux qui m'ont enfermée m'ont pris la moitié de moi-même et ils l'ont enterrée dans ce trou ; car je vivais aussi dehors, dans les forêts, dans le ciel et l'espace... dans les regards de ceux que j'aime, dans tout ce qui se passe chez moi... Oh, je sais. Il y a des jours comme ça, où mon esprit vole tout bas, tout bas. Mais il est toujours vivant, et je tiens bon, car il y en a d'autres qui tiennent bon pour moi et je tiens bon pour d'autres, pour qu'ils tiennent aussi. Ils n'en-

fermeront jamais ma capacité d'aimer ni de lutter, et seule, accompagnée, oubliée, ou toujours présente, ils ne m'auront jamais. Mes fleurs tomberont une à une, peut-être me les arracheront-ils... mais je garde en moi des milliers de graines, qui attendent que cet hiver finisse, que le printemps tant rêvé arrive enfin pour tous.
En plus, des rayons lumineux arrivent dans des enveloppes pleines d'amour, amitié, solidarité...
Mes fleurs tomberont, mais moi, l'arbre, je serai toujours vivant.

Idora

Mon cachot bien aimé dans ton ombre mouvante
Mon œil a découvert par mégarde un secret.
J'ai dormi des sommeils que le monde ignorait
Où se noue l'épouvante.

Tes couloirs ténébreux sont méandres du cœur
Et leur masse de rêve organise en silence
Un mécanisme ayant du vers la ressemblance
Et l'exacte rigueur.

Ta nuit laisse couler de mon œil et ma tempe
Un flot d'encre si lourd qu'elle en fera sortir
Des étoiles de fleurs comme on le voit d'un tir
La plume que j'y trempe.

J'avance dans un noir liquide où des complots
Informes tout d'abord lentement se précisent.
Qu'hurlerais-je au secours ? Tous mes gestes se brisent
Et mes cris sont trop beaux.

Vous ne saurez jamais de ma sourde détresse
Que d'étranges beautés que révèle le jour.
Les voyous que j'écoute après leurs mille tours
À l'air libre se pressent.

Jean GENET,
Marche funèbre

Ma chère amie,
Je viens, je viens de très loin, car comme vous le savez, je viens d'être gracié. Oh ! oui, je suis très très heureux ! Voyez-vous à l'heure qu'il est j'aurais pu être déjà dans un autre endroit...
Hier je voulais vous écrire, malheureusement je n'arrivais pas, puisque j'ai dû changer ma cellule. Puis aussi les circonstances par lesquelles j'ai passé ont eu raison de moi. J'étais troublé et en quelque sorte perdu ! Il m'est impossible de vous décrire exactement mon état d'âme au moment que j'ai su que j'étais gracié, c'est-à-dire à sept heures. Il y a eu un moment d'incertitude, car en même temps on m'avait annoncé que l'autre avait été exécuté. Je ne savais pas quoi penser. Tout d'abord, je croyait que mon tour ce sera aujourd'hui et l'angoisse s'était emparé de moi, car je n'étais sûr de rien. Oh ! pour sûr, que vers dix heures quand ils m'ont dit de préparer mes affaires, là je fus heureux.
Là il n'y avait plus de craintes. Je vis beaucoup de monde hier matin, aussi mon avocat qu'est venu vers neuf heures. Je ne peux dépeindre ma joie, car elle est très grande et indescriptible.
La nuit de lundi à mardi je lisais tard et à un seul coup je me suis endormi dans un sommeil calme et profond que c'est presque incroyable. Certes cela vaut mieux pour moi car si j'étais éveillé j'aurais entendu ce qui se passe, alors j'aurais passé un mauvais quart d'heure. Ce n'est que vers sept heures que j'ai appris tout en bloc. C'est là que la joie et l'angoisse me saisirent et, quelques heures après, tout était fini. Enfin le jour de ma délivrance est arrivé hier et je suis infiniment heureux ! Certes, il y aura encore beaucoup de difficulté avant que je sois libre complètement, toutefois cela me sera beaucoup plus aisé. Maintenant je ne suis plus seul en cellule et ceux qui sont avec moi je m'entends bien avec eux, aussi il y a trois parmi eux que j'ai connu avant d'être condamné. Enfin c'est mieux pour moi ainsi, car je préfère que ceux qui sont avec moi sont bien et puis comme ça parler...

Sylvain, la Santé

Oui, petit frère, vivre pour l'Art, c'est mourir pour Dieu. Quoi de plus beau ? Parfois, je me demande pourquoi je ne m'étais pas mis à genoux pour dire à Dieu combien la culture est spirituelle, dire la beauté de vivre en ce domaine et l'avenir de croire en elle. Comme pour moi ici dans mon cachot qui regarde l'évolution du bien grâce à ton amitié qui est venue simplement comme un mélange de teintes qui donne la couleur de la vie et du respect. Et aujourd'hui, je vois à travers tout cela que le combat qui est loin d'être terminé m'apportera la lumière, la sérénité, et l'honneur de porter mon déshonneur avec franchise, face droite devant ceux qui m'ont apporté la Paix et la sagesse de comprendre la valeur de la vie. Le peu de travaux que je réalise, le peu de bon que j'ai en moi, le peu de morale qu'il me reste, je le donne au-delà des murs comme un cri du cœur, un « je vous aime encore !!! ».

Michel, Saint-Maur

Mon père était imprimeur. À la maison tout le monde travaillait et il y avait une bibliothèque de livres qu'il imprimait. J'étais le seul à les lire, c'était les beaux objets qu'il ramenait et moi comme j'étais souvent seul à la maison je me promenais dans la bibliothèque et c'est comme ça que j'ai pris le plaisir de lire. Plus petit et quelle qu'ait été ma vie avant, et même lorsqu'elle a été le plus chaotique, j'ai toujours beaucoup lu.
Quand on lit en prison on échappe au temps, on échappe à l'espace. Lorsqu'on lit et qu'on est incarcéré, on ne voit pas le temps défiler, on oublie qu'on est en prison. C'est aussi le moyen d'échapper à la solitude. On est seul face à son livre ; c'est l'occasion pour soi de rencontrer un autre, l'auteur. Un livre est un lieu de rencontre entre deux solitudes. Celle de l'auteur face à sa page blanche et celle du lecteur. C'est aussi un moyen d'échapper au déterminisme des rencontres qu'on peut avoir en prison. Un détenu peut échapper en partie à ses fréquentations, à son quotidien relationnel en rencontrant d'autres types de gens qu'il n'aurait pas l'occasion de rencontrer ni dans sa vie en général ni dans son quotidien. [...] *L'Odyssée* d'Homère permettait aux jeunes Grecs de voyager avec Ulysse. Voyage dans les sciences, dans le civisme, dans l'écologie. Avec Ulysse,

les jeunes Grecs revenaient en eux-mêmes. Le retour en Ithaque c'est le retour en soi. Sur un chemin initiatique de lecture, le jeune Grec faisait le tour de la connaissance, voyait le monde et revenait en lui. Ithaque c'est soi. Au terme de la lecture on se retrouve soi. C'est ainsi qu'on se construit. En se rencontrant soi-même. Moi je sais qu'au bout il y a le paradis.

Christian, Melun

Je veux créer librement, et seule ma cellule peut me donner cette liberté dans l'esprit. À partir du moment où l'on me ferme la porte à clé, je suis libre, et eux sont enfermés. Je le vois ainsi, et je m'en porte bien par rapport à mon drame et ma peine. Les autres ont des hauts et encore plus de bas ; cela est dû, je pense, à la monotonie de la vie carcérale. Moi, voilà deux ans et demi que je suis en cellule 24 heures sur 24 heures, et je suis plus en forme qu'eux (sauf ici avec cette grille qui m'énerve). La preuve, je ne me suis jamais fait de mutilation ; depuis que je suis en prison, j'ai connu neuf morts et de nombreux blessés. Mais moi je combats ; lorsque je ne suis pas bien, je cherche un dérivé dans la cellule, soit par le dessin, l'écriture, la musique, les rêves, le souvenir ; je vis plus avec les songes qui m'incitent à développer des projets, et la confiance revient, et j'ai le dessus de nouveau. Et en plus j'ai du courrier. Je ne crois pas à l'avenir dans votre prison. Je préfère rester en ma prison. Cela, aussi, m'aide, car lorsque j'entends les informations, je me dis qu'il vaut mieux être en prison que dans le ruisseau de votre ghetto. C'est une sorte d'indifférence, cela est vrai. Mais pas vraiment en fait. Car j'ai mal pour vous et ça me soulage pour moi. Si je m'enferme dans mon œuf, c'est justement pour me former, mûrir avant l'éclosion d'une éventuelle vie. Je ne suis que fœtus actuellement, et ma coquille est une télévision. Je vous regarde par les ondes, par l'écrit, et je me fonde une idée philosophique ; c'est de là d'ailleurs que je peux séparer le bien et le mal. Mais, vois-tu, l'écœurement que j'ai subi durant ma vie me contrarie dans ma philosophie. Et heureusement que je n'ai pas l'esprit criminel et que j'ai trouvé le moyen de me restabiliser par ma cellule et mon expression que tu écoutes ou lis. C'est, je pense, plus profond que les caractères d'imprimerie qu'il faut lire ; bien sûr, toi, tu me connais, alors tu sais ; mais si quelqu'un ne me connaît pas, il ne le verra pas de cette façon. C'est un peu de la physique où chaque matière représente un monde minuscule, mais vivant et rongeur de surcroît, qui a rongé ma jeunesse et mon état de naissance ; et me voici sur les routes pour aboutir là où je suis né, en prison. Mais tu peux constater que malgré tout cela, j'ai toujours le courage de vivre.

Michel, Saint-Maur

Lorsque sera brûlé cet étui de carton, toi et moi verrons un infini qui est nôtre. Si je parie seulement sur ma destinée immédiate, ce n'est pas tricherie, car l'enjeu sans cesse redevient pari. Je veux picorer cet amour et jouir de le contempler. Ne pas m'y attabler, non plus qu'en la vie même. S'attabler... ces gens autour de moi attablés, avachis, ces autres s'arrachant les bouchées avec des yeux qui ne brillent même pas... Ah ! Que mon regard ne convoite pas, mais qu'il reflète tous les scintillements de l'univers ! Que plus tard, puisque c'est ainsi – ce corps ne soit pas résolu en une sale décomposition ahurie et hurleuse ! Qu'il laisse plutôt partager aux éléments sa poussière légère, sa petite poussière de rien du tout, pincée d'atomes qui chatoie et se défait sans trêve...
Mon Amour. Mon illimite bien close. Je marche à ton côté et je crois marcher vers toi. Marchons dans ce moi surmultiplié... Marchons dans les éclairages de nous-mêmes : tu sais bien, ces soleils de très tôt ou très tard qui bénissent le dos, avec de gigantesques jeux de reflets – non, ne soyons ni ombre ni flamme, ou plutôt que les jeunes flammes affamées de naguère s'assagissent et s'étalent en grande clarté attentive. Marchons calmement et sans peur, parmi les sept couleurs de la terre, jusqu'à ce que se recompose le prisme.

Albertine SARRAZIN,
Journal de Fresnes, 10 août 1959

Les jours de morosité semblent s'éloigner. Une période chaotique s'achève en demi-teinte, un peu comme cet hiver provençal. Le printemps est bien là. Dans l'air et sur la terre ou plutôt sur l'herbe fraîchement coupée, parsemée de minuscules fleurs jaunes que foulent à leur manière pigeons, corneilles, pies, moineaux, messagers fringants qui amènent dans les cours de récréation, dans les cours de prison surtout, la saison des amours. Quelle drôle de façon de déambuler, de se déhancher. Leur allure insouciante déclenche un sourire interminable. Et ce sourire pénètre en moi. Il souffle sur les braises de la gaieté, ravive l'espérance puis suscite une lueur de sérénité. Le printemps est dans mon corps, dans ma tête. C'est peut-être ça un bon souvenir de prison. Prendre le temps comme si je disposais de l'éternité pour contempler à ma guise une parcelle de la Création. Et plus tard, se rappeler avec nostalgie que l'espace d'un moment, je me suis reposé, le septième jour, un peu comme DIEU. Se sentir à nouveau un enfant, une partie du tout. Être réceptif. Oser rêver de m'endormir dans le dos de celle avec qui je partage ce sentiment d'unité.

Albert

L'afflux des rêves nocturnes est-il en raison inverse des agitations qui emplirent la journée ? Je rêvais peu, naguère, dans les courtes nuits d'une existence surmenée. Depuis un an, je rêve chaque nuit, avec une régularité surprenante. L'esprit cherche dans le songe la revanche des journées trop monotones. Les rêves du captif, très différents de ceux de l'homme libre, sont plus riches, plus variés. L'imagination dont les ailes se sont heurtées et blessées durant le jour aux murailles du cachot, prend son vol pendant le sommeil, et assouvit sa soif d'espace. La longue nuit s'y prête complaisamment. Les rêves du prisonnier lui paraissent plus réels que son existence quotidienne. Il y retrouve confusément les anciens paysages, les visages connus, tout le cadre familier de sa vie normale, alors que sa réclusion l'en a dépouillé et lui impose une sorte de cauchemar sans consistance C'est souvent le jour qu'il croit rêver, et la nuit, revivre enfin. Aussi attend-il souvent le sommeil, comme un écolier les vacances. Je suis frappé de constater combien le songe nocturne a perdu pour moi de son inconscience : il me laisse au réveil un souvenir parfaitement net. J'en retrouve facilement les détails. Chose plus étrange encore, il me devient possible de le reprendre d'une nuit à l'autre, au point où je l'avais laissé ; je puis presque en choisir les thèmes, continuer le rêve inachevé qui m'a plu, bannir celui qui m'a pesé. Merveilleuse faculté à laquelle je dois des évasions inattendues. Dans les aventures auxquelles me conduit le sommeil, je suis toujours libre, sans cependant que ma situation réelle se trouve méconnue : je bénéficie d'une espèce de congé dans le cadre ou sur les lieux qui m'étaient naguère familiers, entouré des personnages que je rencontrais alors, mais, à l'arrière-plan, demeure le sentiment confus de mon sort véritable qui, loin de vicier la liberté si chimériquement retrouvée, lui donne tout son prix. C'est aussi pourquoi je n'éprouve pas de désenchantement au réveil. Simplement, le sommeil me procure une compensation à mes journées insipides. La nature créerait-elle ainsi pour le captif une secrète soupape de sûreté ? Est-ce l'espérance invincible qui lui ouvre pendant la nuit une porte magique et soulève un voile pour lui montrer le paradis perdu, le convaincre qu'il existe toujours et qu'il y reprendra sa place ?

Je souhaite, pour le jour où j'aurai reconquis ma liberté, ne pas perdre cet enrichissement, cette prise de possession de terres inconnues. Les hommes qui ne rêvent point la nuit perdent un tiers de leur existence. Le sommeil n'est pour eux qu'un anéantissement et, si leur corps y trouve peut-être un repos plus efficace, leur esprit est privé de bénéfices clandestins. Car d'autres connaissent dans le songe de merveilleuses variations ; ils y deviennent les hommes qu'ils n'ont jamais été, qu'ils ne seront jamais ; ils disposent de plusieurs vies, entreprennent les voyages qu'ils ne feront point, goûtent les plaisirs interdits, prennent leur revanche des humiliations et des échecs. Il y a pour eux un domaine secret que personne ne peut menacer. Ils y sont créateurs ; tout-puissants, ils pétrissent le monde au gré de leurs instincts ou de leurs fantaisies. Ils empruntent à Dieu ses attributs.

Jean ZAY,
Souvenirs et solitude

Bonheur d'une discussion sur le temps : quand le corps absorbe toute la durée d'emprisonnement il peut en l'éparpillant, en l'émiettant, la retirer du devenir et rencontrer celui-ci, nu de temps. Entre les amis qui écrivent et nous il n'y a plus alors l'opacité de ce corps de temps à passer au rythme de l'usure des murs. La confidence prend un

cours libre, grave, sans apprêt : le temps, dessiné dans l'absence du temps de la prison, semble se diffuser sur les lieux amis, et les caresser d'une source commune, d'une source d'écoute commune, où chacun écoute l'autre de l'autre avec l'autre, c'est-à-dire le frôlement éblouissant des grains de lumière du temps. On sait le détenu fixé quelque part en un lieu précis, mais cette précision dans un espace d'évidence accroît la discrétion du temps. Quel est son temps ? Impossible à surveiller, à attacher cela.
Des images de rues de Paris me reviennent avec une intensité jamais vue : espace de rues, de larges avenues, de ruelles s'entrecroisant, mobilité des blocs d'espace, eux-mêmes souples, ductiles : vision ayant la précision dentelée. La pierre bat avec un cœur au rythme d'un fleuve. S'habiller d'une ville, prendre sur son corps les différentes couleurs de ses murs passant sur la peau avec les saccades imperceptibles de la pellicule d'un film.

Bernard RÉMY,
Journal de prison

Bruits lointains de la vie, divinités secrètes,
trompe d'auto, cris des enfants à la sortie,
carillon du salut à la veille des fêtes,
voiture aveugle se perdant à l'infini,

rumeurs cachées aux plis des épaisseurs muettes,
quels génies autres que l'infortune et la nuit
auraient su me conduire à l'abîme où vous êtes ?
Et je touche à tâtons vos visages amis.

Pour mériter l'accueil d'aussi profonds mystères
je me suis dépouillé de toute ma lumière :
la lumière aussitôt se cueille dans vos voix.

Laissez-moi maintenant repasser la poterne
et remonter, portant ces reflets noirs en moi,
fleurs d'un ciel inversé, astres de ma caverne.

Jean CASSOU,
Trente-trois sonnets composés au secret

Il faut bien que vienne le jour de la sortie, de l'élargissement. Dans la plupart des cas, personne n'est prévenu. Le maton de service ouvre la porte de la chambre en criant : « untel ! paquetage ». Untel est aussitôt euphorique. Aujourd'hui, c'est mon tour. La tristesse, le plaisir, le soulagement se lisent d'un seul regard sur le visage des compagnons d'infortune. Prévenus ou condamnés. Chacun apporte son aide. Pour démonter le lit, pour reconstituer le paquetage de l'entrée, pour entreprendre au mieux le chemin du retour. « C'est le moment des adieux. Un moment chaleureux. Le sortant passe son bras dans l'anse de la couverture nouée aux quatre coins. La malle à quatre nœuds des bagnards. Il pose le matelas sur sa tête et s'en va, ému, en titubant sous le poids, en accrochant les bords des couloirs. Le tout est déposé sur le comptoir d'un responsable de l'économat chargé de l'inventaire. Les pièces sont examinées une par une. Puis on se rend dans le local réservé à la fouille obligatoire. À ce niveau, on récupère les objets personnels consignés à l'entrée. C'est bon de les sentir. Ils ont une âme, je l'affirme. Ils rejoignent les matériels accumulés pendant le séjour. Ceux de la cantine, surtout les cahiers d'écriture en ce qui me concerne. Les autres, sauf les livres et revues, doivent rester ou être attribués à un autre prisonnier. [...]
Ma fouille est ultrarapide. Dans les bureaux de l'administration, mes papiers sont déjà prêts. Il n'y a qu'une signature à apposer. La dernière porte s'ouvre. La porte de la rue. Une porte blindée, la porte visible par les passants libres. La porte de toutes les questions, à l'entrée comme à la sortie.
[...] Me voilà seul dans la rue, stupide, avec mes deux sacs en plastique à la main. L'un est particulièrement précieux. Il contient le manuscrit de mon séjour enveloppé au milieu du linge sale. En fait, le propre et le sale ont été mélangés au cours de la précipitation du départ. Les gens de la rue me donnent l'impression de deviner ma provenance. Malgré ma cravate bien ajustée. Malgré mon costume de bourgeois. La douche du matin a-t-elle chassé une odeur caractéristique de la cellule ? L'impression doit être dans ma tête, pas dans la rue.
Je demande à un homme d'âge mûr, dont le visage est caché par un foulard, où se trouve la poste. Il me répond

d'une façon tout à fait normale. J'en suis surpris. Une cabine me propose ses services à quelques mètres de là. Je sors ma carte d'abonné. Impossible de me souvenir du code. Je le cherche sur mon carnet. Quelqu'un frappe à la porte. Je sursaute de peur. C'est mon informateur de tout à l'heure : il craint de s'être mal expliqué sur le chemin conduisant à la poste. Je le rassure, c'est une cabine qu'il me fallait. Il doit me trouver étrange.
Qui vais-je appeler en premier ? Mon père risque d'en faire une crise cardiaque dans sa résidence pour anciens. Je ne pourrai pas faire autre chose que pleurer avec lui. [...] À deux cents kilomètres d'ici. Il sait. Il pleure. Moi aussi. Je ne peux que lui dire « à ce soir » entre deux sanglots. Je prends mes sacs en plastique. Je retourne à tout hasard, comme un somnambule, vers la prison. Les magasins ont encore leur parure de Noël. Les employés municipaux démontent les guirlandes des rues. Soudain, à quelques mètres devant moi, mes enfants. [...] Un serrement de gorge étrangle mon cou, à la limite de la tétanie. Mes masséters sont de bois. Je sens monter les larmes. Je les refoule. Pas ça, mon Dieu, pas ça. Pas maintenant. Pas de faiblesse. Ils doivent ressentir la même chose. Je ne dois pas donner l'exemple. Nous ralentissons le rythme des pas en nous rapprochant. Comme pour allonger le temps. Nous tentons de retrouver le bon souffle, celui de la sérénité, avant de nous embrasser dignement. Notre embrassade occupe tout le trottoir. Le monde n'existe plus. Pourtant, il est bien là, sous nos pieds.

Michel

L'homme, qui peut se résigner à la maladie, aux infirmités, ne se résigne jamais à la captivité, tant il la sent contraire à la nature. La foi aveugle avec laquelle il attend perpétuellement l'événement invraisemblable qui le libérera n'est qu'une forme de l'instinct de conservation. Et, quand vous causez avec un de ces misérables, quand il vous confie, comme celui de ce matin, son dérisoire calcul, vous auriez scrupule à le détromper, à le dépouiller de sa force. Il ne vous écouterait d'ailleurs pas. Le condamné le plus sceptique, le moins naïf, est aussi le plus crédule à cet égard, car il est celui qui a le plus besoin d'une foi irraisonnée. Les prisons sont avec les monastères les seuls asiles de l'invincible espérance.

Jean ZAY,
Souvenirs et solitude

C'est en résistant, en luttant longuement dans les oubliettes, que j'ai appris à ouvrir les yeux, et qu'au bout de mon usure je suis devenu écrivain. Mon stylo, c'est ma vie bafouée, mon encre, c'est mon sang martyrisé, mon talent, c'est ma tête relevée. Je sais pourquoi je dis non ! Je sais pourquoi je me bats, je sais ce qui m'attend, ce à quoi je m'expose, ce que j'ai subi, ce que je subis encore. La prison n'a pas fait de moi un écrivain... Elle a fait de moi un témoin, une victime, une certitude où la qualité d'homme peut encore résister et témoigner...
L'écriture m'est survenue comme une ultime force...

Roger KNOBELSPIESS,
Lettres de prison

Fermeture

Quand j'étais valet de ferme, quand j'étais soldat, quand j'étais au dépôt des Enfants assistés, malgré l'amitié et quelquefois l'affection de mes maîtres, j'étais seul, rigoureusement. La prison m'offrit la première consolation, la première paix, la première confusion amicale : c'était dans l'immonde. Tant de solitude m'avait forcé à faire de moi-même pour moi un compagnon. Envisageant le monde hors de moi, son indéfini, sa confusion plus parfaite encore la nuit, je l'érigeais en divinité dont j'étais non seulement le prétexte chéri, objet de tant de soin et de précaution, choisi et conduit supérieurement encore qu'au travers d'épreuves douloureuses, épuisantes, au bord du désespoir, mais l'unique but de tant d'ouvrages. Et, peu à peu, par une sorte d'opération que je ne puis que mal décrire, sans modifier les dimensions de mon corps mais parce qu'il était plus facile peut-être de contenir une aussi précieuse raison à tant de gloire, c'est en moi que j'établis cette divinité – origine et disposition de moi-même. Je l'avalai. Je lui dédiais des chants que j'inventais. La nuit je sifflais. La mélodie était religieuse. Elle était lente. Le rythme en était un peu lourd. Par lui je croyais me mettre en communication avec Dieu : c'est ce qui se produisait, Dieu n'étant que l'espoir et la ferveur contenus dans mon chant. Par les rues, mes mains dans les poches, la tête penchée ou levée, regardant les maisons ou les arbres, je sifflais mes hymnes maladroits, non joyeux, mais pas tristes non plus, graves. Je découvrais que l'espoir n'est que l'expression qu'on en donne. La protection, de même. Jamais je n'eusse sifflé sur un rythme léger. Je reconnaissais les thèmes religieux : ils créent Vénus, Mercure, ou la Vierge.

Jean GENET,
Journal du voleur

CIEL

Murs, murs, vous auriez tant à dire si vous pouviez parler,
Exprimant les soupirs de tous les enfermés
Faisant entendre au-dehors les regrets étouffés
Les souvenirs perdus de tous les condamnés.

Les nuages s'effilochent ; ils ne cessent de s'échapper, de se dérober, de s'évader... ils semblent faits du coton de la barbe des pères Noël de votre enfance... Vous aimeriez tant comme eux vous évaporer, vous condenser à volonté... Ils n'ont besoin ni de porte ni de permission pour prendre la clé du ciel... Pour échapper à ce labyrinthe de l'existence humaine dont vous avez tant de mal à comprendre la logique...

Les cumulus ont le ventre de M. Pickwick ou le giron potelé des nourrices généreuses. Les stratus ont la finesse et peut-être la douceur de la peau de la jambe fuselée de la femme qui passe, le regard de la source qui roucoule.

De la terre au ciel, vous continuez à franchir à cloche-pied les obstacles de la vie en projetant la boîte de vos rêves de case en case... Souvent votre corps vacille. Vous comprenez alors dans ces instants de doute et de déséquilibre que votre destin ne tient qu'à la vibration, qu'à la solidité du maigre fil qui porte vos pas.

Hésitation de l'enfant qui vient de capturer une mouche dans la cage refermée de ses doigts : va-t-il lui redonner le souffle de la liberté ou lui arracher les ailes par curiosité ?

Hésitation entre la voie de l'ombre et celle de la lumière dans l'arène de cette dure vie basse qui pourrait parfois inciter l'homme à revêtir l'habit de nuit du prince noir, la panoplie de l'ange déchu, l'armure inhumaine de l'antéchrist... Hésitation entre le sentier torturé de la création et la pente vertigineuse de la destruction...

Vous venez de réaliser que nous n'enfermons rien d'autre en prison qu'une partie de nous-mêmes, comme d'autres abandon-

nent sur le bord de la route leurs souvenirs encombrants ou leurs chiens en disgrâce...

Il vous vient une nostalgie de fin de vacances ou de fin de week-end, la mélancolie de la ritournelle d'un orgue de Barbarie dans les fonds d'une cour... Il vous vient l'envie de repartir de zéro peut-être, de jouer à nouveau votre mise sur le tapis de la marelle en espérant toucher les bonnes cases...

Mais vous le savez : c'est la pluie du temps qui efface les dessins d'enfants sur les trottoirs déserts... À l'exemple des larmes, elle sait laver les souvenirs, balayer les chagrins, les bonheurs et les peines... Vous n'aurez pas le loisir de tenter à nouveau votre chance : vous devrez laisser leur tour à ces enfants graciles qui apparaissent au bout de la rue, trop maigres, trop fragiles, trop hésitants, trop lointains encore pour vous permettre de distinguer s'ils sont les vôtres ou ceux de vos voisins. Ils iront tracer une autre marelle sur de nouveaux trottoirs. Ils y danseront sur des rythmes qui vous dépayseront ; et c'est peut-être l'un d'entre eux qui un jour fracturera la porte de votre maison. C'est peut-être l'un d'entre eux qui un jour plongera le couteau du destin dans la chair de votre chair. C'est peut-être l'un d'entre eux qui un soir viendra vous entraver les poignets ou vous épier dans l'œil absurde d'un judas. C'est peut-être l'un d'entre eux qui vous abandonnera dans un certain nombre d'années entre les quatre murs d'une chambre d'hospice...

À moins qu'il ne vous chérisse et qu'il ne vous rende jusqu'à votre dernier souffle la force de l'amour dont vous l'aurez entouré... À moins qu'il ne garde en lui le souvenir des cauchemars que vous pourchassiez en venant veiller sur son sommeil au chevet des nuits de son enfance. À moins qu'il ne garde en lui le souvenir de vos rires partagés qui donnaient à la vie éphémère comme un parfum d'éternité. À moins que vous ne l'ayez aidé à comprendre qu'en lui donnant la vie, le plus beau cadeau que vous pouviez lui faire ensuite était d'agir en sorte que la grande marelle de la vie ne devienne jamais la grande marelle de l'oubli.

Bibliographie

Ouvrages cités

Ivo Andric, *Inquiétudes*, Éditions du Griot, traduction de Raymond Fuzellier, 1993
Guillaume Apollinaire, *Alcools*, Gallimard, 1971
Jean Cassou, *Trente-trois sonnets composés au secret*, Gallimard, 1995
Jean Genet, *Journal d'un condamné à mort*, Gallimard, 1999
Jean Genet, *Journal du voleur*, Gallimard, 1993
Georges Hyvernaud, *La Peau et les Os*, Le Dilettante, 1982
Michel et Bruno Papet, *Deux frères : flic et truand*, Flammarion, 1999
Albertine Sarrazin, *Lettres à Julien, 1958-1960*, Jean-Jacques Pauvert, 1971
Albertine Sarrazin, *Poèmes*, Jean-Jacques Pauvert, 1969
Karim Sarroub, *À l'ombre de soi*, Mercure de France, 1998
Oscar Wilde, *La Ballade de la geôle de Reading*, L'Âge d'homme, traduction de Jean Besson, 1989
Jean Zay, *Souvenirs et solitude*, Talus d'approche, 1987
Roger Knobelspiess, *Lettres de prison*
Bernard Rémy, *Journal de prison*
Textes du collectif de Poissy, publiés par *Le Monde*

Bibliographie générale

Architecture et justice. Deux siècles d'évolution. Ministère de la Justice, 1988
Robert Badinter, *La Prison républicaine*, Fayard, 1992
Cesare Beccaria, *Des délits et des peines*, Flammarion, 1979
Jeremy Bentham, *Panoptique. Mémoire sur un nouveau principe*

pour construire des maisons d'inspection et notamment des maisons de force, Imprimerie nationale, 1791
Bolze, Bouvier, Marest, Plouvier, *Le guide du prisonnier*, Éditions de l'Atelier, OIP, 1996, 2000
Christian Carlier, *Histoire du personnel des prisons françaises du XVIIIe siècle à nos jours*, Éditions de l'Atelier, 1997
Christian Carlier, *La Prison aux champs. Les colonies d'enfants délinquants du nord de la France au XIXe siècle*, Éditions de l'Atelier, 1994
Christian Carlier, Juliette Spire, Françoise Wasserman, *Fresnes-la-prison : les établissements pénitentiaires de Fresnes 1895-1990*, Écomusée de Fresnes, 1991
D. Donet-Vincent, *La Fin du bagne*, Ouest-France, 1992
Claude Faugeron, *Prisons politiques et pénitentiaires*, La Documentation française, n° 755-756
Jean Favard, *Les Prisons*, Flammarion, 1993
Michel Foucault, *Surveiller et punir. Naissance de la prison*, Gallimard, 1975
Henri Gaillac, *Les Maisons de correction 1830-1945*, Éditions Cujas, 1991
Serge Livrozet, *De la prison à la révolte*, L'esprit frappeur, 2000
Pierre Pédron, *La Prison sous Vichy*, Éditions de l'Atelier, 1993
Michelle Perrot, *L'Impossible Prison. Recherches sur le système pénitentiaire au XIXe siècle*, Le Seuil, 1980
Jacques-Guy Petit, *Ces peines obscures. La prison pénale en France 1780-1875*, Fayard, 1990
Jacques-Guy Petit, Nicole Castan, Claude Faugeron, Michel Pierre, André Zysberg, *Histoire des galères, bagnes et prisons, XIIIe-XXe siècle. Introduction à l'histoire pénale de la France*, Privat, 1991
Jean-Pierre Royer, *Histoire de la justice en France*, PUF, 1995
Alexis de Tocqueville, *Écrits sur le système pénitentiaire en France et à l'étranger*, Gallimard, 1984
Véronique Vasseur, *Médecin-chef à la Santé*, Cherche-Midi-Éditeur, 2000
Jean-Claude Vimont, *La Prison politique en France, genèse d'un mode d'incarcération spécifique XVIIIe-XXe siècle*, Anthropos-Economica, 1993

Chiffres clés
de l'administration pénitentiaire.

Ministère de la Justice, 1er janvier 2000

186 établissements pénitentiaires
dont
118 maisons d'arrêt
25 centres de détention
6 maisons centrales
24 centres pénitentiaires
13 centres autonomes de semi-liberté

49 657 places
51 441 détenus dont 18 100 prévenus (35 %)
et 33 341 condamnés.
Femmes : 3,7 %

82 détenus pour 100 000 habitants

25 % vol simple et qualifié
22,6 % viols et autres agressions sexuelles
14,8 % affaires drogue
10,5 % meurtre

En moyenne pour 100 détenus :
40 personnels de surveillance/1 travailleur social

38 % des détenus sont illettrés
20 % des détenus ne maîtrisent pas la langue française

Glossaire

Condamné
Personne détenue dans un établissement pénitentiaire en vertu d'une condamnation judiciaire définitive.

Prévenu
Personne détenue dans un établissement pénitentiaire qui n'a pas encore été jugée ou dont la condamnation n'est pas définitive.

Maison d'arrêt
Reçoit les prévenus et les condamnés dont le reliquat de peine est inférieur à un an.

Centre de détention
Accueille les condamnés considérés comme présentant les perspectives de réinsertion les meilleures. À ce titre, les CD ont un régime de détention principalement orienté vers la resocialisation des détenus.

Centre pénitentiaire
C'est un établissement mixte qui comprend au moins deux quartiers à régimes de détention différents (maison d'arrêt, centre de détention et/ou maison centrale).

Maison centrale
Reçoit les condamnés les plus difficiles. Leur régime de détention est essentiellement axé sur la sécurité.

Centre de semi-liberté
Reçoit des condamnés admis au régime de la semi-liberté ou du placement extérieur sans surveillance.

Semi-liberté
Modalité d'exécution d'une peine permettant à un condamné d'exercer, hors d'un établissement pénitentiaire, une activité professionnelle, de suivre un enseignement ou une formation, ou encore de bénéficier d'un traitement médical. Le condamné peut rejoindre le centre de semi-liberté à l'issue de ses activités.

Travail d'intérêt général (TIG)
Cette peine alternative à l'incarcération, adoptée en 1983, requiert la volonté du condamné pour être exécutée. Il s'agit d'un travail non rémunéré d'une durée de 40 à 240 heures maximum, au profit d'une collectivité territoriale ou d'une association.

Service pénitentiaire d'insertion et de probation
Créé en 1999, il a pour mission, auprès des établissements pénitentiaires et du milieu ouvert de favoriser l'accès aux droits et aux dispositifs d'insertion de droit commun des détenus et des personnes placées sous son contrôle par les autorités judiciaires.

Pistes biographiques

Jean Zay

Jean Zay est né à Orléans en 1904. Avocat et journaliste, il est élu député radical-socialiste à vingt-sept ans, en 1932, et sera réélu en 1936. La même année, il devient sous-secrétaire d'État à la présidence du Conseil, puis ministre de l'Éducation nationale et des Beaux-Arts dans le premier gouvernement du Front populaire, poste qu'il va occuper pendant trente-neuf mois consécutifs, sous cinq gouvernements... Pendant plus de trois années, son action va réformer et moderniser profondément le système éducatif français, tout en préfigurant l'action des ministres de la Culture qui œuvreront à partir de Malraux. Le 19 juin 1940, Jean Zay, hostile à l'armistice demandé par Pétain, embarque avec vingt-sept parlementaires sur le *Massilia* pour rejoindre les pouvoirs publics qui doivent gagner Alger et continuer la guerre en Afrique du Nord. Arrêté par le gouvernement de Vichy en même temps que Mendès France, Viénot et Wiltzer, jugé par le même conseil de guerre qui condamnera à mort de Gaulle et Leclerc, il est condamné à la dégradation militaire et à la déportation. Il va rester emprisonné pendant les quatre années de la guerre dans diverses prisons, puis à la maison d'arrêt de Riom où il obtient le statut de prisonnier politique. Ses conditions de détention seront durcies à plusieurs reprises par le gouvernement de Vichy qui persécute en lui l'ancien ministre intègre du Front populaire, l'homme de gauche, le juif, et le franc-maçon. Deux semaines après le débarquement en Normandie, il est enlevé dans sa cellule par la milice, et assassiné dans les bois de Cusset, près de Vichy.

Le journal de captivité de Jean Zay *Souvenirs et solitude* a été préfacé par Mendès France et réédité en 1994 aux Éditions « Talus d'approche ». En dehors même des réflexions qu'il contient sur la vie politique des années trente, il constitue un magnifique document de réflexion sur la prison. De Jean Zay, nous pouvons également lire les *Chroniques du grenier*, parues aux éditions « L'Écarlate ».

Jean Genet

Né en 1910, Jean Genet fut abandonné par sa mère et confié à l'Assistance publique. Très tôt, Jean Genet prit des habitudes de fugueur et de chapardeur. Accusé de vol à l'âge de quinze ans, il fut envoyé dans une « colonie agricole pénitentiaire », en 1926. En 1929, il s'enrôle dans l'armée où il va rempiler pendant six ans.

Après avoir déserté en 1936, il vécut plusieurs années de galère et de menus larcins en Europe puis en France jusqu'en 1944 : il fut le plus souvent condamné à des peines de prison courtes pour falsification de billets de chemin de fer, vagabondage, vol de mouchoirs, de bouteilles d'apéritif, vol de chemise ou de tissu, et le plus souvent... pour vol de livres... Mais l accumulation de ses récidives finit par lui faire encourir la relégation à perpétuité.

Protégé par Cocteau dès 1943, devenu l'ami de Jean-Paul Sartre et de Louis Jouvet, quittant la prison à partir de 1944, Jean Genet sera définitivement gracié en 1949. Romancier, poète, auteur dramatique, scénariste, il sera devenu à sa mort en 1986 un écrivain de dimension internationale dont l'œuvre est éminemment marquée par un irrépressible besoin d'amour et par l'empreinte indélébile de la prison. Son passé, son homosexualité laisseront toujours dans son sillage une réputation injustement sulfureuse ; il n'aura en fait jamais cessé de correspondre à la définition qu'il donnait de la condition humaine lorsqu'il écrivit : « Nous sommes tous condamnés à une réclusion solitaire à l'intérieur de notre peau. »

Albertine Sarrazin

Albertine Sarrazin est née à Alger en 1937. Enfant abandonnée, elle fut baptisée « Albertine Damien » par l'Assistance publique. Mise à quinze ans en maison d'éducation surveillée, elle connut alors la spirale des fugues et des menus délits qui aboutissent à la délinquance délibérée. Brillante élève malgré des conditions de scolarité médiocres, échappée, libérée, reprise, Albertine a circulé de prisons en prisons pendant plus de douze ans et n'a jamais cessé d'écrire. Elle a rencontré Julien Sarrazin au cours d'une cavale en 1957 et l'a épousé en prison. Enfin libre, et trouvant grâce à ses droits d'auteur une relative aisance matérielle, Albertine est morte à trente ans lors d'une anesthésie ratée, avant une opération chirurgicale. Auteur de trois romans, *L'Astragale, La Cavale, La Traversière*, de nouvelles, de nombreuses lettres et de poèmes, Albertine Sarrazin a laissé également derrière elle un magnifique journal de prison. Son œuvre a été traduite en plus de vingt langues et diffusée à quatre millions d'exemplaires.

Georges Hyvernaud

Georges Hyvernaud est né le 22 février 1902 près d'Angoulême ; il était professeur de français dans les Écoles normales d'instituteurs. Mobilisé en août 1939, il fut fait prisonnier en mai 1940 et passa près de cinq ans en captivité dans les oflags de Poméranie. Libéré en 1945, il publia textes et chroniques dans des revues dont un chapitre de *La Peau et les Os*, texte de mémoires de détention, dans *Les Temps modernes*. Le livre fut publié par les éditions du Scorpion en 1949, suivi par *Le Wagon à vaches* chez Denoël en 1954. Georges Hyvernaud mourut en 1983, laissant de nombreux inédits publiés à titre posthume de 1985 à 1987 par Ramsay, dont ses *Carnets d'oflag*, journal tenu pendant sa captivité, ainsi que ses chroniques et critiques inédites.

L'Observatoire international des prisons

L'OIP est une organisation non gouvernementale, indépendante des pouvoirs publics et disposant d'un statut consultatif à l'ONU. Il s'agit d'une organisation des droits de la personne qui revendique le respect du droit à la dignité pour tous les détenus. La mission de l'Observatoire est de surveiller tous les lieux de détention au travers d'un réseau de groupes locaux d'observation et d'alerter sur tous les manquements aux droits de l'homme au moyen de communiqués de presse, de lettres aux pouvoirs publics, de conférences-débats, de campagnes de sensibilisation... Simultanément, l'OIP s'attache à favoriser le développement des alternatives à la détention.

OIP section française
40, rue d'Hauteville
75010 Paris
tél. : 01 47 70 47 01
fax : 01 47 70 48 71
e-mail : oip_sf@yahoo. fr

La France face à ses prisons : une humiliation pour la République

Après trois décennies d'indifférence, les prisons sont sorties de l'ombre. Les journalistes s'y précipitent. L'enquête des deux commissions parlementaires sur le monde carcéral débouche sur un acte d'accusation sans appel. « Des droits de l'homme bafoués dans des maisons d'arrêt hors la loi, là où se mêlent l'arbitraire carcéral et la loi du plus fort, là où l'argent est roi et les contrôles extérieurs inexistants ou inefficaces »... Le réquisitoire des sénateurs est sans concession. Guère plus enclins à la complaisance, les députés s'interrogent : « À quoi sert la prison dans ces conditions et quel est le sens de la peine ? » Ils préconisent deux orientations majeures : « Redonner toute sa place à la mission de réinsertion et éviter l'incarcération de ceux pour lesquels elle est inutile ou nuisible. »

La vie quotidienne en prison constitue, dans bien des cas, une atteinte grave au respect des droits de l'homme. Prenons le phénomène de la surpopulation. Il concerne 70 % des personnes détenues en France... celles qui sont incarcérées en maison d'arrêt. Chacun de ces 38 000 hommes et femmes subit quotidiennement des conditions de détention indignes : promiscuité, manque d'activités, absence d'intimité... La maison d'arrêt de Nantes, par exemple, accueille 432 détenus pour 377 places. Jusqu'à cinq détenus sont regroupés dans une cellule de 9 m^2, sur trois lits superposés et deux matelas à terre. Depuis 1992, le Comité européen de prévention de la torture (le CPT) estime que certaines situations de surencombrement des prisons, du fait des atteintes à la qualité de la vie et à la sécurité des détenus qu'elles engendrent, peuvent constituer un traitement cruel, inhumain et dégradant. Par ailleurs, l'incarcération doit être en principe « subie dans des conditions satisfaisantes d'hygiène et de salubrité ». Cette disposition du Code de procédure pénale est loin d'être respectée dans tous les établissements. À la maison d'arrêt de Fleury-Mérogis, pourtant construite en 1969, l'eau coule dans les cellules du dernier étage par temps de pluie. Les détenus épongent le sol et les murs. Quant aux douches, elles ne sont qu'exceptionnellement nettoyées : elles accumulent un tel dépôt de saleté et d'immondices que les médecins conseillent aux détenus de garder leurs chaussures pour éviter d'attraper des mycoses.

La peine d'emprisonnement entraîne également la suppression du droit à tout espace privé, la perte d'intimité étant à situer parmi les effets les plus destructeurs de la prison. Le détenu n'a plus d'espace personnel qui ne soit susceptible d'être visité à tout instant : obligation d'accomplir ses besoins naturels devant les codétenus, œilleton dans chaque cellule, fouille de cellule inopinée, etc. Prenons l'exemple de la fouille à nu. Les détenus, mais aussi les surveillants la supportent mal. Elle consiste à demander au détenu de se dénuder, d'écarter les jambes afin de vérifier s'il ne dissimule pas un objet interdit. Il peut également lui être demandé de se pencher et de tousser. Ces fouilles ont lieu à l'arrivée en détention, à l'entrée ou à la sortie du quartier disciplinaire, après chaque parloir et à tout moment que le chef d'établissement juge nécessaire. À la maison centrale d'Arles, ces fouilles se déroulent en outre sous l'œil d'une caméra de surveillance et dans l'escalier qui donne accès aux parloirs. Ainsi le détenu fouillé peut être vu par d'autres détenus ou personnels. À la sortie des parloirs, ces fouilles s'effectuent dans des boxes comportant un miroir d'un mètre carré scellé au sol et sur lequel il est demandé au détenu de monter entièrement nu.

La suspicion permanente dont fait preuve l'administration à l'égard du détenu s'étend aux proches de celui-ci, implicitement considérés comme « coupables par ricochet ». La détention entraîne alors l'impossibilité de communiquer avec ses proches sans une surveillance de tous les instants : tout courrier échangé avec sa famille est lu, toutes les conversations au parloir sont écoutées, ainsi que les conversations téléphoniques en établissement pour peines. C'est peu dire que la détention a des effets délétères en matière de maintien des liens familiaux. Les familles éclatent et les détenus perdent tous repères relationnels.

La prison est également un monde de violences. Qu'il s'agisse de la violence entre détenus, entre détenus et personnels de surveillance ou qu'il s'agisse de la violence retournée contre soi, que sont suicides et automutilations. On ne peut ignorer la responsabilité de l'institution carcérale dans ce qui préside à cette violence multiforme quand elle l'exacerbe par une approche exclusivement sécuritaire de la détention, quand elle lui offre un boulevard en déniant tout droit d'expression des personnes incarcérées.

Que dire du travail des détenus ? Le droit commun ne s'applique pas en prison. Les détenus ne bénéficient pas de contrat de travail, sauf dans le cadre d'un placement à l'extérieur ou d'une semi-liberté. Les garanties dont bénéficient les salariés à l'extérieur ne concernent donc pas les prisonniers. Ils sont sous-rémunérés, peuvent être payés à la pièce, dans le cadre d'horaires parfois très irréguliers. Ils peuvent être « déclassés », c'est-à-dire licenciés, à tout moment, sans préavis ni indemnités. À cela s'ajoute le caractère presque toujours répétitif et non qualifiant des tâches qui leur sont confiées, qui ne serviront en aucune manière à leur réinsertion professionnelle. Il s'agit par exemple de mettre du parfum en bouteille, de fabriquer des filets de protection pour les prisons, d'assembler des éléments de porte-manteaux, etc. À la maison d'arrêt de Nîmes, le salaire moyen d'un détenu pour 20 jours de travail est de 752 F, dont il faut retirer 95 F de cotisations sociales, 197 F de participation du détenu à ses « frais d'entretien », 66 F de provision pour le pécule de libération et 66 F pour l'indemnisation des parties civiles. Au total, il lui reste 328 F par mois, ce qui lui permet seulement de louer la télévision et d'acheter son tabac.

La prison, censée assumer un double rôle de mise à l'écart et de réinsertion, ne remplit pas cette deuxième mission. Dans les faits, le dispositif de préparation à la sortie est inadapté, le projet d'exécution des peines inadéquat et réservé à une faible partie de la population carcérale Quant aux dispositifs d'enseignement et de formation professionnelle, ils sont notoirement insuffisants. Dans ces conditions, un détenu sur cinq sort de prison avec moins de 50 F en poche, six détenus sur dix sortent sans emploi. À l'égard de l'emploi, l'incarcération a amélioré la situation de 10 % des libérés, mais l'a détériorée pour 20 % d'entre eux et ne l'a pas changée pour 70 %. Les personnes bénéficiant d'une libération conditionnelle, dont la sortie a donc été préparée avec les services sociaux, s'en sortent mieux. 80 % d'entre elles déclarent être embauchées à leur libération. Sur l'ensemble des libérés sans emploi, seuls 20 % sont inscrits à l'ANPE et 25 % aux Assedic pour obtenir l'allocation d'insertion. Les étrangers subissent les plus importantes difficultés, tant en matière d'emploi que d'hébergement, 30 % d'entre eux n'ayant pas de perspective de logement à leur sortie.

Cet état des lieux n'est, bien sûr, pas exhaustif. Il doit nous remettre en mémoire une chose, essentielle : la nécessité de ne jamais détourner le regard de nos prisons, de ne jamais se désintéresser du sort de ceux de nos contemporains qui sont provisoirement privés de la liberté d'aller et venir. Peut-on obtenir plus de sécurité avec moins de prisons ? Nous le croyons. Car la prison abîme plus qu'elle ne répare. Elle rend à la société des gens plus haineux, plus fragiles et plus destructurés qu'ils ne l'étaient. La prison doit intégrer l'espace public. Elle est trop longtemps restée à l'écart de toute exigence démocratique. D'où son fonctionnement en marge du droit commun, d'où l'arbitraire, d'où l'abus de pouvoir. Zone de non-droit, la prison n'accorde au détenu – considéré comme un citoyen de dernière zone – que des « faveurs », en gage ou en récompense de sa « bonne conduite ». Cette situation demeurera tant que la société n'aura pas signifié clairement que l'institution carcérale ne peut être exonérée des règles de droit commun, tant que n'aura pas été défini un statut juridique du détenu, propre à garantir au sein d'une institution d'essence totalitaire le respect absolu des droits fondamentaux de la personne. Aucune mesure de sécurité ne peut justifier la violence physique, la violence morale, l'humiliation et la perte de dignité infligées par un service public au nom de la République.

OIP

Paroles de détenus
Lettres et écrits de prison,
sous la direction
de Jean-Pierre Guéno et de Jérôme Pecnard.
Radio France / Les Arènes
160 p., 22,56 €

Cet album présente une sélection
de plus de soixante-dix textes de détenus,
illustrée par des photographies en couleur inédites
de Ludovic Marin.

Librio

409

Composition PCA – 44000 Rezé
Achevé d'imprimer en Allemagne (Pössneck) par GGP
en janvier 2006 pour le compte de E.J.L.
87, quai Panhard-et-Levassor, 75013 Paris
Dépôt légal janvier 2006
1er dépôt légal dans la collection : février 1998

Diffusion France et étranger : Flammarion